Alexander Segovia

Economista salvadoreño, presidente del Instituto Centroamericano de Investigaciones para el Desarrollo y el Cambio Social (INCIDE) y consultor internacional en temas económicos y sociales. Posee un doctorado en economía por la Universidad de Londres; una maestría en políticas públicas de América Latina por la Universidad de Oxford, Inglaterra; y una licenciatura en economía por la Universidad Centroamericana José Simeón Cañas (UCA) de El Salvador. Entre 2009 y 2014 fungió como secretario técnico de la Presidencia de El Salvador y como representante de El Salvador ante el Banco Mundial, el Banco Interamericano de Desarrollo y como representante alterno ante el Fondo Monetario Internacional. Posee una vasta experiencia en diseño e implementación de políticas públicas y de programas de reparación para víctimas de conflictos armados. Ha estudiado en profundidad los siguientes temas: conflictos armados y transiciones posbélicas en América Latina, cambio estructural y modelos económicos en El Salvador y Centroamérica, elites y estructura de poder en Centroamérica, la desigualdad y la pobreza en Centroamérica y el proceso de integración centroamericana.

Economía y poder: recomposición de las élites económicas salvadoreñas

Alexander Segovia

Alexander Segovia

ECONOMÍA Y PODER: RECOMPOSICIÓN DE LAS ÉLITES ECONÓMICAS SALVADOREÑAS

F&G editores

INCIDE
INSTITUTO CENTROAMERICANO DE INVESTIGACIONES PARA EL DESARROLLO Y EL CAMBIO SOCIAL

Economía y poder:
recomposición de las élites económicas salvadoreñas

Alexander Segovia

Diseño de portada: F&G Editores
Imagen de portada: Alejandra Segovia, *La espera*, collage sobre papel, 2018
Foto del autor: Carina Alfaro Zablah

Impreso en Guatemala
Printed in Guatemala

F&G Editores
31 avenida "C" 5-54, zona 7
Colonia Centro América
Guatemala, Guatemala
Teléfonos: (502) 2292 3792 – (502) 5406 0909
informacion@fygeditores.com
www.fygeditores.com

INCIDE
www.incide-ca.org
Informacion@incide-ca.org

ISBN: 978-9929-700-47-5

Guatemala, septiembre de 2018

Contenido

Prefacio

Debido a su tradicional poder económico y político y a su influencia social, históricamente las élites económicas –generalmente organizadas en grupos empresariales con fuertes vínculos familiares– han jugado un rol central en la evolución y conformación de las economías y las sociedades de Centroamérica[1], particularmente en lo relacionado con la naturaleza y el alcance del cambio social registrado, con las estrategias económicas implementadas, con los modelos económicos ensayados y con el tipo de regímenes políticos prevalecientes. Por esta razón las élites económicas, sobre todo las agrarias que dominaron el modelo agroexportador tradicional que estuvo vigente en Centroamérica por más de un siglo, han sido objeto de estudio constante por parte de los científicos sociales, quienes han enfatizado en sus análisis el

1. Por Centroamérica entendemos la región que incluye los siguientes países: Costa Rica, El Salvador, Guatemala, Honduras, Nicaragua y Panamá.

enorme poder económico, social y político de dichas élites proveniente de su control y dominio sobre la propiedad de la tierra, de los procesos de producción, transformación y comercialización interna y externa de los principales productos tradicionales de exportación y de la utilización del Estado para beneficio propio.

Esta influencia tan decisiva de las élites agroexportadoras continuó aún después del proceso de modernización económica y social ocurrido en Centroamérica en el período posterior a la Segunda Guerra Mundial impulsado por la introducción de nuevos productos de exportación –algodón, caña de azúcar, carne vacuna–, y por el posterior proceso de industrialización sustitutiva de importaciones (ISI), que posibilitaron cierta diversificación de las economías, un proceso creciente de urbanización, el surgimiento de incipientes élites industriales y de sectores medios, el crecimiento de organizaciones laborales urbanas y un aumento de la burocracia estatal producto de la creación de nuevas instituciones públicas.

Pese a su importancia histórica y en términos de modernización, existe un amplio acuerdo en señalar que los cambios anteriores no alteraron de manera sustancial la naturaleza agroexportadora de las economías centroamericanas ni el carácter esencialmente rural de las sociedades ya que la mayoría de ellos se realizaron dentro de los límites impuestos por las élites agroexportadoras y por Estados Unidos, tradicional potencia hegemónica del área (Dada, 1978; Cohen y Rosenthal, 1983; Webb (1985); Mayorga Quirós, 1983; CEPAL, 1985; Weeks, 1985; PREALC, 1986; Bulmer-Thomas, 1987; Dunkerley, 1988). Como Bulmer-Thomas (1987) ha indicado, en esa época el éxito de la reforma económica y social en Centroamérica estaba fuertemente influenciado por sus implicaciones en el modelo agroexportador: si los cambios reforzaban el modelo o tenían efectos marginales sobre el mismo, eran fomentados y/o permitidos; por el contrario, si los cambios eran percibidos como contrarios a los intereses agroexportadores, eran obstaculizados y combatidos, sobre todo cuando dichos intereses se identificaban –como frecuentemente (aunque no siempre) ocurría con los de Estados Unidos (CEPAL, 1985:10). En consecuencia, la mayoría de las transformaciones ocurridas hasta fines de la década de los setenta se realizaron sobre la base del modelo agroexportador, sin alterarlo de manera sustancial y las élites agrarias continuaron ejerciendo su hegemonía en las economías y en las sociedades de la región.

Esta notable continuidad del poder y de la influencia de las élites económicas, especialmente de las llamadas *oligarquías,* tradicionalmente vinculadas a la tierra y a la agroexportación, sugiere que tales actores tienen una alta responsabilidad histórica en la conformación de las sociedades centroamericanas, que en su mayoría (con la excepción de Costa Rica y en ciertos aspectos, de Panamá) se caracterizan por ser injustas y profundamente desiguales, así como por la existencia de economías poco diversificadas, con baja productividad y altamente concentradas, y por la prevalencia en la mayor parte del siglo XX, de regímenes políticos autoritarios, represivos y antidemocráticos. Además, dichas élites tienen mucho que ver en la configuración de Estados nacionales pequeños, débiles, corruptos y desarticulados, incapaces de promover la democracia y el desarrollo socioeconómico, lo cual es aún más grave si se considera que dichos Estados han sido utilizados muchas veces por ellas para ejercer su dominación sobre las sociedades y para impulsar sus estrategias de acumulación y de concentración de capital.

No es sino hasta la década de los ochenta del siglo pasado que Centroamérica comienza a registrar cambios que por primera vez afectarían de manera significativa el poder de las élites económicas y que a la larga desatarían un cambio estructural sin precedentes que finalmente arrasaría con el modelo agroexportador tradicional; propiciaría el surgimiento de un nuevo modelo económico (que atendiendo a las características propias de cada país ha asumido diversas variantes y se ha desarrollado a diferentes velocidades);[2] socavaría las bases políticas de los regímenes militares y autoritarios y contribuiría a configurar un nuevo balance de poder nacional y regional. Como hemos señalado en otra parte (Segovia, 2002, 2004, 2005), entre los principales factores que desataron los cambios estructurales se encuentran los conflictos armados internos, las crisis políticas y socioeconómicas, las migraciones, el ingreso de remesas familiares y los ajustes y reformas económicas implementadas, particularmente los programas de estabilización y ajuste de los años ochenta y aquellas inspiradas en el paradigma neoliberal implementadas en la última década del siglo pasado que incluyeron la liberalización, la desregulación, la privatización y la apertura externa indiscriminada. Por supuesto, el quiebre estructural también tiene que ver

2. Para un análisis detallado sobre el nuevo modelo económico salvadoreño, ver Segovia 2002. Un análisis comparativo del nuevo modelo, incluyendo las variantes de El Salvador y Costa Rica se encuentra en Segovia 2004.

con el desarrollo y profundización de la globalización capitalista que en la región desencadenó nuevos procesos económicos y sociales, cambió las reglas del juego económico, alteró el balance del poder al interior del sector empresarial y forzó a una nueva inserción internacional de las economías del área.

Entre las principales transformaciones ocurridas se encuentran, además de los cambios en los regímenes políticos y de los poblacionales y territoriales, el surgimiento de nuevos espacios y patrones de acumulación de capital vinculados con las nuevas actividades dinámicas, particularmente de los servicios (incluidos los servicios turísticos, de telecomunicaciones, bancarios e industriales), el comercio, los bienes raíces (incluida la infraestructura comercial y de negocios), y en algunos países las exportaciones no tradicionales agrícolas e industriales y la industria extractiva (Segovia, 2002, 2005; Sánchez-Ancochea D. y Martí i Puig , S., 2014).

Los cambios mencionados alteraron el statu quo en la región y contribuyeron a configurar una nueva matriz de poder nacional y regional al afectar profundamente el balance de fuerzas al interior de las élites económicas y entre éstas y el Estado y otros actores sociales. En cuanto a las élites económicas, los cambios provocaron su ampliación, diversificación y recomposición y coadyuvaron a la disminución de la importancia relativa de las élites agrarias e industriales tradicionales que no lograron reconvertirse; posibilitaron el surgimiento y/o fortalecimiento de nuevas élites ligadas a las actividades dinámicas que sustentan el nuevo modelo económico; estimularon el ingreso al mercado regional de nuevos actores internacionales (empresas transnacionales, empresas multilatinas y grupos económicos regionales) que compiten por los espacios de acumulación y por los recursos con las élites locales; y propiciaron el surgimiento, dentro de las élites locales, de una nueva y poderosa facción vinculada a los grupos económicos transnacionales cuyo espacio de acción es, además del nacional, el espacio regional e internacional y que cuentan con suficientes recursos económicos y políticos para influir en las decisiones de los países donde operan.

En efecto, uno de los cambios más notables registrado al interior de las élites económicas centroamericanas ha sido el surgimiento y posterior consolidación de poderosos grupos económicos transnacionales (GET) con fuertes vínculos familiares, cuyas operaciones empresariales ya no se restringen al ámbito nacional de cada uno de los países sino que abarcan de manera estratégica el ámbito regional e internacional y cuyo origen y rápida expansión y consolidación está estrechamente relacionado con las nuevas oportunidades de inversión generadas por el paso de economías agrarias a economías de servicios; por la mayor disponibilidad de ahorro financiero (y capacidad de consumo) proveniente de las remesas familiares y de la mayor cantidad de crédito bancario para consumo; por la apertura de nuevos espacios de acumulación de capital producto de la liberalización, la desregulación y de las privatizaciones; y por la profundización de la globalización, que abrió nuevas oportunidades de inversión en el exterior. Contribuyó además el mayor conocimiento del nuevo contexto regional e internacional por parte de los principales empresarios centroamericanos, sobre todo salvadoreños, guatemaltecos y nicaragüenses, quienes a raíz de los conflictos armados internos que registraron sus países a finales del siglo pasado, se vieron obligados a emigrar temporalmente –la mayoría junto con sus capitales–, lo cual les permitió conocer los mercados externos y explorar nuevas oportunidades de inversión en el extranjero (Segovia, 2005).

Junto con la expansión de sus capitales, los GET han ampliado también su influencia económica, social y política a toda Centroamérica e incluso más allá y han utilizado su enorme poder para influir en la definición e implementación de políticas públicas que les afectan directa o indirectamente, para lograr concesiones y prebendas por parte de los Estados, para imponer su visión del mundo, de la economía y de la política, y para incidir en la vida política de los diferentes países de la región (Segovia, 2005). Esto es lo que explica por qué algunos autores sostienen que, pese a todos los cambios registrados en las últimas décadas, los problemas de Centroamérica tienen últimamente que ver con la perpetuación de una élite que domina el sistema sociopolítico, que continúa concentrando riqueza e influencia política en un pequeño grupo de personas y con un Estado incapaz de hacer cumplir la ley (Sánchez-Ancochea, D. y Martí i Puig, S., 2014).

Durante los últimos 13 años se ha avanzado bastante en el conocimiento y entendimiento de los grupos económicos centroamericanos transnacionales y su forma de operar e incidir.[3] Los estudios muestran

3. Los estudios importantes sobre dichos grupos comenzaron hace apenas un poco más de una década, es decir, mucho después de su surgimiento y consolidación y cuando las economías prácticamente habían transitado ya de economías agrarias a economías de servicios, las sociedades se habían vuelto más

con claridad que las élites que conforman estos grupos poseen más riqueza y poder económico que las élites agrarias que dominaron las economías agroexportadoras en la mayor parte del siglo XX. Además, sugieren que, a pesar de los avances democráticos registrados en toda la región desde el fin de los conflictos armados internos, dichas élites tienen una influencia importante (y en algunos casos decisiva) en la toma de decisiones relacionadas con las políticas públicas ya no solo en sus países de origen como sucedía en el pasado, sino que también en aquellos donde operan.

Lo anterior sugiere que hoy más que nunca las posibilidades de conformar sociedades menos desiguales, instaurar modelos de desarrollo productivos, inclusivos y sostenibles y de instaurar una verdadera democracia dependen en buena medida de que las élites económicas centroamericanas utilicen su influencia y su poder para contribuir a realizar los cambios estructurales e institucionales que se necesitan para transformar y modernizar las economías y no para obstaculizarlos o minimizarlos como ha sucedido frecuentemente en el pasado. Dicho de manera simple, en un mundo dominado por la globalización capitalista las posibilidades de alcanzar un desarrollo alto y sostenido y de avanzar en la tan postergada agenda social en Centroamérica están en función de la posibilidad de que las élites económicas apuesten por la instauración de nuevos tipos de capitalismo que sean compatibles con el desarrollo social y con la democracia.

Parece evidente que una de las maneras de involucrar activa y positivamente a los GET en las tareas del

urbanas y los regímenes políticos democráticos eran la constante en la región (ver bibliografía).

desarrollo y la construcción democrática es mediante un diálogo constructivo que reconozca y tome en cuenta sus aspiraciones, sus visiones y sus intereses y en el cual ellos a su vez reconozcan las responsabilidades y las obligaciones que se derivan de su posición de privilegio y poder. Bajo esta perspectiva, el Instituto Centroamericano de Investigaciones para el Desarrollo y el Cambio Social (Incide) tomó la decisión de desarrollar en los próximos años un proyecto de investigación regional denominado *Economía y poder en Centroamérica* cuyo objetivo central es estudiar el papel de las élites económicas centroamericanas en general, y de los grupos transnacionales en particular, en la instauración y funcionamiento de los modelos de desarrollo y de los tipos de capitalismo vigentes actualmente en la región y en la construcción de la democracia en cada uno de los países del área. A partir de los hallazgos y recomendaciones de las diferentes investigaciones que se pretenden realizar, se espera que el proyecto contribuya a generar un diálogo constructivo entre los diferentes sectores de la sociedad y las élites económicas centroamericanas y a que éstas jueguen un papel activo y positivo en la construcción de nuevos modelos de desarrollo y variedades de capitalismo y en la profundización y mejoramiento de la democracia de cada uno de los países y de la región en su conjunto. En este primer estudio se aborda el surgimiento y fortalecimiento de los grupos económicos trasnacionales salvadoreños, los cuales, según la mayoría de las investigaciones realizadas hasta hoy, son de los más poderosos, cohesionados, dinámicos e influyentes.

Quiero expresar mi profundo agradecimiento y reconocimiento a las personas entrevistadas en el transcurso de la investigación por el tiempo que me dedicaron y por la honestidad y franqueza con las que expresaron sus visiones y sus posiciones sobre temas sumamente complejos y sin duda polémicos. Sin su colaboración y su apertura, la elaboración de algunos capítulos del presente libro hubiera sido imposible. También quiero agradecer a Carina Alfaro por su constante e invaluable apoyo en el trabajo de recopilación y sistematización de información, revisión y edición de una versión anterior del texto; y a Raúl Figueroa Sarti por su paciencia en la revisión y edición final.

Alexander Segovia
San Salvador
Septiembre de 2018.

I
Antecedentes
La recomposición de las élites económicas salvadoreñas en el período 1980-2017

El Golpe de Estado del 15 de octubre de 1979 realizado por sectores progresistas del Ejército salvadoreño con el apoyo de élites intelectuales y del gobierno de Estados Unidos contra el general Carlos Humberto Romero, además de provocar el colapso del Estado oligárquico (Gaspar Tapia, 1991) significó la pérdida de la base de sustentación de la dominación que las élites agroexportadoras venían ejerciendo hasta esa fecha, y que estaba basada en buena medida en la alianza política que sostenían con las Fuerzas Armadas y con Estados Unidos. Dicha alianza se rompió luego del Golpe ya que estos dos actores no sólo le dieron la espalda a las élites agroexportadoras, sino que se aliaron con uno de los principales oponentes históricos de ellas, el Partido Demócrata Cristiano (PDC), para impulsar un proyecto reformista que tuvo como una de sus metas principales debilitar económicamente y aislar social y políticamente a la llamada *oligarquía* mediante su exclusión del gobierno y a través de la ejecución de las reformas estructurales de 1980 que buscaban quebrar las bases del modelo agroexportador tradicional: la reforma agraria, la nacionalización del comercio exterior de los principales productos de exportación (café y caña de azúcar) y la nacionalización de la banca (Segovia, 2002).

Lo anterior sugiere que a principios de la década de los años ochenta las principales élites económicas se encontraban en una situación sumamente crítica y peculiar: aisladas y desorientadas, sin el control del aparato estatal, asediadas por la violencia insurgente y social y políticamente cuestionadas por ser consideradas por la mayoría de los actores nacionales e internacionales como las principales responsables de la crisis social y política que vivía el país.[4] Sin embargo, este período oscuro duró relativamente poco ya que en medio de la guerra una parte de ellas tomó dos decisiones estratégicas: disputar el poder del Estado bajo las reglas de la democracia electoral impuesta por Estados Unidos en el contexto de la estrategia de guerra de baja intensidad; y apostarle a la modernización empresarial y económica promovida y financiada por el país del norte. Desde entonces hasta la fecha, las élites económicas experimentaron un largo y complejo proceso de recomposición, el cual no sólo afectó el balance de poder dentro del sector empresarial, sino que además alteró la matriz de poder nacional a su favor. Como veremos a lo largo del presente trabajo, la recomposición afectó su base de sustentación económica y política, su tamaño, su composición, sus

4. De acuerdo con Gaspar Tapia (1989) en esa época la oligarquía estaba inmersa en una profunda crisis ideológica y según Liévano de Marques (1996) el sector privado tenía una actitud de claudicación.

intereses económicos y su inserción productiva, sus formas de hacer y entender la política y los negocios, sus alianzas internas y externas y la correlación de fuerzas al interior de ellas y con el resto de los actores sociales y políticos.

Los cambios al interior de las élites económicas están íntimamente relacionados con la transformación estructural registrada en el país desde la década de los ochenta, particularmente con el fin del modelo agroexportador tradicional y con el surgimiento de un nuevo modelo económico. Como hemos señalado en otra parte (Segovia 2002, 2004), este cambio estructural fue provocado por la conjugación de una serie de factores económicos y extraeconómicos, nacionales e internacionales, entre los que destacan los efectos directos e indirectos de la guerra civil y de la crisis económica de los ochenta que juntos debilitaron la base económica y política de la clases dominantes y propiciaron el paso hacia una economía especulativa y rentista donde el mercado interno adquirió una mayor importancia; la implementación de diversas reformas económicas (incluyendo la reformas estructurales de 1980 y las basadas en el paradigma neoliberal desde 1990 en adelante) que profundizaron la crisis del modelo agroexportador y estimularon el surgimiento de uno nuevo al provocar la entrada masiva de importaciones y la apertura de nuevos espacios de acumulación a través de las privatizaciones en sectores estratégicos como la banca, las telecomunicaciones y la energía; y la profundización de la globalización que alteró la forma de producir y de hacer negocios, propició la entrada al país de nuevos y poderosos agentes económicos y alteró las reglas de relacionamiento económico con el exterior.

Cuadro 1
PRINCIPALES EMPRESAS INTERNACIONALES
Y GRUPOS FINANCIEROS REGIONALES
CON PRESENCIA EN EL SALVADOR

Empresa	País	Sector donde operan
		Primario
Grupo Pantaleón	Guatemala	Ingenios azucareros
		Secundario
AES	Estados Unidos	Energía
Bimbo	México	Pan
CEMEX	México	Cemento
Del Sur	Colombia	Energía
Enel	Italia	Energía
Hanesbrands Corporación	Estados Unidos	Manufactura de ropa deportiva y ropa interior
Holcim	Suiza	Cemento
Jumex	México	Jugos
Kyocera Corporation	Japón	Dispositivos electrónicos
SABmiller		Bebidas, cervezas
Swedish Medical Group (SMG)	Suecia	Manufactura y distribución de dispositivos médicos
		Terciario
Banco Agrícola	Colombia	Banca
Banco Atlántida	Honduras	Banca
Banco Azteca	México	Banca
Banco Industrial	Guatemala	Banca
Claro	México	Telecomunicaciones
Comex	México	Pinturas
Davivienda	Colombia	Banca
Digicel	Estados Unidos	Telecomunicaciones
EPA	Venezuela	Comercio
Grupo BAC	Nicaragua	Banca
Grupo Paiz	Guatemala	Centros comerciales

Empresa	País	Sector donde operan
Grupo Promérica	Nicaragua	Banca
Asesuisa	Colombia	Seguros
Avianca	Colombia	Aviación
Sanborns	México	Almacenes
Scotiabank	Canadá	Banca
Sears	México	Almacenes
Teleperformance	Francia	Servicio y atención al cliente, soporte técnico servicios BPO *(Business Process Outsourcing)*
Tigo	Estados Unidos	Telecomunicaciones
Wall-Mart	Estados Unidos	Comercio

Fuente: Elaboración propia con base en información pública.

El resultado de todos estos procesos fue el surgimiento, a partir de la década de los noventa, de un modelo económico sustentado en buena medida en el dinamismo del mercado interno, lo que a su vez permitió el florecimiento de los sectores vinculados a dicho mercado, como es el caso del comercio, la construcción y los servicios, incluyendo los servicios de telecomunicaciones, bancarios, comerciales e industriales vinculados a la industria maquiladora (Segovia, 2002, 2004).

Los cambios en la matriz económica afectaron a las élites económicas de varias maneras. En primer lugar, la apertura indiscriminada y la profundización de la globalización propiciaron el ingreso al escenario nacional de poderosos actores internacionales que disputan y compiten con las élites locales por los espacios de acumulación más lucrativos, por los mercados nacionales y regionales y por los recursos humanos calificados. Entre estos actores se encuentran las empresas transnacionales, las llamadas multilatinas[5] y las empresas regionales pertenecientes a los grupos económicos centroamericanos transnacionales. En la actualidad estas empresas controlan la mayor parte de los sectores económicos estratégicos del país y detentan un poder económico y político considerable y en muchos casos han desplazado a algunas de las élites económicas salvadoreñas (capítulo II).

La entrada masiva de las empresas y conglomerados internacionales y regionales ha incidido significativamente en la reconfiguración de las élites económicas. Por una parte, su presencia tan abrumadora ha cambiado el balance de poder al interior del sector privado, ya que el control que ejercen sobre sectores y actividades económicas estratégicas les otorga un poder de negociación e influencia relevante que antes tenían las élites locales. Por otra parte, su decisión de competir por el mercado interno y por los espacios de acumulación más lucrativos ha afectado negativamente a algunas élites nacionales, ya sea porque han perdido parte del mercado en el que operaban o bien porque no han tenido más opción que abandonar o compartir espacios de acumulación que antes controlaban en su totalidad. La mayor competencia internacional ha afectado incluso a las élites más poderosas del país, quienes pese a su enorme poder han tenido que redefinir sus estrategias de inversión y de expansión (capítulo II). Asimismo, la presencia de los actores económicos internacionales ha beneficiado políticamente al gobierno debido a que en general las

5. Para un análisis de las empresas colombianas en Centroamérica, ver Cordero (2015).

compañías internacionales prefieren no inmiscuirse en la política partidaria local, lo que facilita el logro de acuerdos de cooperación con las autoridades nacionales. Esto se refuerza por el hecho de que los representantes locales y regionales de dichas empresas tienen autonomía tanto de las élites locales como de las cúpulas y de las cámaras empresariales nacionales y regionales,[6] que son precisamente los espacios que las élites locales generalmente controlan o influyen. Como contrapartida, el Estado salvadoreño tiene actualmente una relación más compleja con los países de origen de las corporaciones internacionales ya que ellas recurren a sus embajadas para que sea desde allí que se defiendan sus intereses corporativos.

En segundo lugar, la apertura externa y la globalización ejercieron una influencia importante en la recomposición de las élites económicas ya que por una parte provocaron la desaparición o el debilitamiento de algunas de ellas que no pudieron competir con los productos importados que ingresaron masivamente al país debido a la apertura, sobre todo en la industria y en la agricultura. Y por otra parte coadyuvaron al fortalecimiento de las élites vinculadas a los negocios de importación y al comercio que gracias a la apertura pudieron aumentar y ampliar su oferta de productos para la venta local. Por lo demás, la apertura externa contribuyó a reforzar el patrón de crecimiento basado en el comercio y el consumo interno resultante de la entrada masiva de remesas familiares y de la existencia

6. En términos generales, las empresas internacionales no participan activamente en las cámaras empresariales locales y en algunos casos (las empresas norteamericanas, por ejemplo), tienen su propia organización gremial.

de una banca que luego de la privatización privilegió el crédito para consumo sobre el crédito productivo.

El aparecimiento de un nuevo modelo económico fue otro factor que incidió en la recomposición de las élites económicas al favorecer el surgimiento de facciones vinculadas a los nuevos ejes de acumulación de capital, particularmente en el sector de comercio, industria maquiladora, bienes raíces, centros comerciales y de oficinas, telecomunicaciones, turismo, energía, banca y agroindustria. En este aspecto, la política de privatización de sectores estratégicos en manos del Estado impulsada por los gobiernos de la Alianza Republicana Nacionalista (Arena) en la década de los noventa fue un factor clave en la reestructuración de las élites ya que posibilitó el acceso del sector privado nacional y extranjero a actividades altamente rentables, como es el caso de la banca, las telecomunicaciones y la energía. Es precisamente en esta época que surge la élite transnacional vinculada a los nuevos espacios de acumulación de capital, y que ha sido la gran beneficiaria del nuevo modelo económico. Nos referimos a los grupos económicos transnacionales, cuya riqueza es sustancialmente mayor que la de las viejas élites agrarias e industriales y cuyo espacio de acción es, además del nacional, el espacio regional e internacional. Como veremos más adelante (capítulo II), esta nueva élite está compuesta por familias históricamente vinculadas con la agroexportación, así como por familias que nunca estuvieron ligadas a la tierra ni a la agricultura, sino más bien al comercio, la industria y los servicios, que son precisamente los sectores más dinámicos dentro del nuevo modelo económico.

La recomposición empresarial también está relacionada con los cambios en el ámbito político, particularmente con el proceso de democratización que se inició en medio de la guerra bajo una lógica contrainsurgente y que se aceleró y profundizó a raíz de la implementación de la reforma política contenida en los Acuerdos de Paz de 1992. A pesar de que algunas élites económicas optaron en la década de los ochenta por la guerra sucia y la violencia como medios para defender el statu quo y para acabar con sus adversarios, la decisión de algunas de ellas de disputar el control del aparato estatal mediante su participación directa en política partidaria mediante la formación de su propio instrumento político-electoral (Arena) y los éxitos electorales obtenidos desde entonces contribuyeron a la aceptación (a regañadientes al principio, por conveniencia después) de la democracia electoral y del consecuente abandono al recurso de los golpes de Estado como forma de acceder al poder. Una vez Arena accedió al control del Órgano Ejecutivo en 1989, las élites económicas respaldaron las negociaciones de paz y los Acuerdos que pusieron fin a doce años de guerra civil; respaldo que fue decisivo para terminar con la guerra y para transitar de la guerra a la paz.[7]

Con la llegada de Arena al poder en 1989 y su permanencia ininterrumpida a lo largo de dos décadas (1989-2009), sumado al triunfo ideológico de la visión neoliberal, se comenzó a desarrollar en el Estado una disputa al interior de las élites económicas alrededor de las políticas públicas y de la instauración de nuevos

7. Un análisis del rol de los empresarios en las negociaciones de paz se encuentra en Rettberg (2003).

modelos económicos (Segovia, 2002). A diferencia de la época de guerra donde la dimensión ideológica tuvo un peso muy fuerte en la agenda empresarial y en su actuación, durante la gestión de Arena el conflicto inter-élites se planteó en términos de los intereses sectoriales de los distintos grupos y de la correlación de fuerzas al interior de Arena y dentro del sector privado.[8] El resultado de estos procesos fue una importante decantación de intereses económicos y políticos dentro de las élites económicas y el reforzamiento de su convicción de que el control del Estado no solo es fundamental para sus intereses económicos, sino también para moldear el tipo de democracia que sea más funcional a sus intereses políticos.

El desarrollo del proceso de democratización contribuyó además a crear nuevos contrapesos políticos que modificaron el balance de poder nacional y afectaron el equilibrio de poder al interior de las élites económicas. En efecto, a medida que la democratización se consolidaba y las elecciones ganaban legitimidad, los partidos políticos fueron fortaleciéndose ya que dentro del sistema democrático dichas instituciones son el único instrumento legal y legítimo para acceder al poder. Esta situación los convirtió en la práctica en contrapesos importantes de las distintas élites económicas en términos de la definición e implementación de políticas públicas tanto en el ámbito legislativo

8. Si bien los cuatro gobiernos sucesivos de Arena tuvieron como sustento político-ideológico el paradigma neoliberal, cada uno de ellos implementó estrategias económicas diferentes que respondieron a intereses económicos distintos, evidenciándose de esta manera la creciente diferenciación de las élites económicas (Segovia, 2002).

como ejecutivo, lo cual se tradujo en una disminución de la capacidad de éstas para influir en los distintos ámbitos de la vida nacional, obligándolas a redefinir sus estrategias de influencia sobre los diferentes poderes del Estado y sobre los partidos políticos. Como veremos más adelante, las élites económicas han implementado una política de acercamiento e interlocución permanente con todos los partidos políticos (incluido el Fmln), lo que a su vez ha coadyuvado a decantar sus intereses y sus preferencias políticas y electorales (capítulo IV).

Vinculado con lo anterior se encuentra el factor político más importante que ha influido en la reconfiguración de las élites económicas: la emergencia y consolidación de la izquierda como una fuerza con capacidad de disputar el poder estatal a través de la competencia electoral y de resistir y combatir desde la oposición las políticas públicas impulsadas por Arena y la derecha empresarial. Sin duda, el factor que más ha incidido ha sido el notable éxito político-electoral del Frente Farabundo Martí para la Liberación Nacional (Fmln), partido que desde la década de los noventa comenzó a controlar buena parte de las alcaldías del país y logró una presencia importante en la Asamblea Legislativa, y que a partir del 2009 controla el Órgano Ejecutivo. La emergencia de este actor ha incidido profundamente en la reestructuración de las élites económicas ya que ha significado en la práctica un reto a su poder y la pérdida del control de una parte estratégica del Estado. En realidad, la llegada de la izquierda al poder ha obligado al sector privado en general y a las élites económicas en particular, a actuar y aprender a ser oposición, así como a redefinir sus estrategias de incidencia y de influencia política con el Estado, especialmente con el Órgano Ejecutivo y el Judicial (ver capítulo IV). También les ha enseñado una gran lección: que en el marco de la democracia electoral su poder económico no es suficiente para lograr sus objetivos políticos ni para imponer su visión del mundo, mucho menos para controlar a su antojo el Estado, como ocurría en el pasado.

Además del proceso de democratización, la reconfiguración de las élites económicas tiene que ver directamente con el papel desempeñado por Estados Unidos, quien a partir del Golpe de Estado de 1979 y en el marco de una visión contrainsurgente intervino activamente para lograr una modernización económica y política del sector empresarial salvadoreño. En la década de los ochenta Estados Unidos contribuyó al debilitamiento de la facción agroexportadora mediante su apoyo a la agenda reformista que ejecutó la Democracia Cristiana y a partir de 1983 promovió el surgimiento de un nuevo liderazgo empresarial y la formulación de un nuevo modelo económico que sustituyera al viejo modelo agroexportador tradicional, mediante la creación y financiación de la Fundación Salvadoreña para el Desarrollo Económico y Social (Fusades), centro de pensamiento que entre 1983 y 1990 recibió alrededor de 100 millones de dólares del gobierno estadounidense (Rosa, 1993) y del cual salieron los principales cuadros que formaron parte del primer gobierno de Arena. En la década de los noventa, Estados Unidos apoyó las reformas económicas que favorecieron el fortalecimiento económico y político de las élites vinculadas a los servicios y el comercio y promovió el surgimiento de una nueva élite vinculada a la industria de la maquila y en general de las exportaciones no tradicionales. Además, apoyó las reformas impulsadas por Arena durante sus 20 años en el poder que contribuyeron a la configuración de un nuevo modelo económico, incluyendo la privatización de la banca, la dolarización de la economía y la nueva inserción internacional del país a través de tratados comerciales, todo lo cual coadyuvó al surgimiento y consolidación de una nueva élite económica, mucho más poderosa económicamente que la que ellos ayudaron a combatir en la década de los ochenta.

La influencia de Estados Unidos en la reconfiguración de las élites económicas también tuvo lugar a través del apoyo político que la Administración Obama le brindó al inicio al primer gobierno de izquierda liderado por Mauricio Funes, con el propósito de mostrar que en América Latina era posible una vía de izquierda democrática y promercado en contraposición a la versión de los países del Alba (Alianza Bolivariana para los Pueblos de Nuestra América) que ellos consideraban antidemocrática, populista y antinorteamericana. El apoyo estadounidense al gobierno de Funes tuvo profundas repercusiones al interior de las élites económicas, ya que además de dividirlas y confundirlas, posibilitó que la embajada de Estados Unidos en El Salvador se convirtiera en un contrapeso importante de algunas de ellas, sobre todo de aquellas más reaccionarias y beligerantes que atrincheradas en la principal cúpula empresarial, la Asociación Nacional de la Empresa Privada (ANEP), decidieron boicotear la gestión gubernamental y oponerse a la política fiscal anunciada por el gobierno desde el principio, consistente en aumentar la carga tributaria y a mejorar la progresividad del sistema fiscal. Como veremos más adelante (capítulo III), esta alianza inicial entre Estados Unidos y la administración Funes fue un factor importante que obligó a las élites económicas a replantear sus estrategias de relacionamiento con el gobierno y con el mismo Fmln.

Como resultado del proceso de reconfiguración descrito anteriormente, la composición y el balance de poder de las élites económicas son distintos a los existentes a fines de los años setenta cuando la facción agroexportadora era la más poderosa económicamente y la más influyente políticamente. En la actualidad, las facciones más importantes son las vinculadas a los grupos económicos transnacionales y a los grupos nacionales relacionados con las principales actividades dinámicas del nuevo modelo económico, particularmente el comercio y los servicios. Pese a no estar internacionalizadas, estas últimas élites han tenido que modernizarse para resistir la competencia externa, poseen mucha riqueza y tienen una enorme influencia económica y política.[9] El hecho de que sus principales intereses económicos estén concentrados en el espacio nacional las hace más vulnerables a las crisis internas que sus pares transnacionales, razón por la cual tienen un interés especial en la política interna.

9. Ejemplos de este tipo de élites lo constituyen el Grupo Calleja (familia Calleja) que posee la cadena de supermercados más importante del país (Super Selectos) y cuyo vicepresidente es el candidato presidencial de Arena para las elecciones del 2019; el Grupo Telecorporación Salvadoreña (TCS) (familia Eserski) dueño de los medios televisivos más importantes del país; el Grupo El Diario de Hoy (familia Altamirano) con intereses en los medios de comunicación impresos; y el Grupo Dutriz (familia Dutríz), también con intereses en los medios de comunicación impresos.

En la nueva configuración, se encuentran además las élites agrarias e industriales tradicionales que no pudieron o no quisieron incursionar en los nuevos ejes de acumulación de capital o que se vieron avasalladas por la competencia internacional a través de las importaciones o por la competencia de las empresas internacionales que operan en el mercado nacional y regional. Estas élites son las grandes perdedoras en el nuevo balance de poder empresarial, razón por la cual tienen profundas diferencias políticas con las élites transnacionales y algunas veces están dispuestas a hacer alianzas con sectores políticos y sociales progresistas o democráticos y a apoyar procesos de cambio económico y social.[10] Por el contrario, aquellas élites agrarias o industriales que modernizaron sus negocios o que expandieron sus actividades a alguno de los nuevos ejes de acumulación han logrado mantener su posición económica y su influencia política, como es el caso, por ejemplo, de las élites vinculadas con la industria y con la agroindustria azucarera.

Asimismo, hoy en día existen nuevas élites vinculadas a los nuevos ejes de acumulación de capital que, si bien no tienen el poder ni la influencia de las élites transnacionales ni de los grupos económicos locales, ejercen una influencia relevante en los sectores en los que operan y sirven de contrapeso dentro de los sectores empresariales. Tal es el caso, por ejemplo, de las élites surgidas alrededor de la industria maquiladora, a algunas exportaciones no tradicionales, agrícolas e industriales, y la vinculada a los bienes raíces y algunos servicios. En general estas élites

10. Un ejemplo claro de esto es el apoyo de ciertas élites agrarias, particularmente cafetaleras, a los gobiernos de izquierda.

participan en las cámaras empresariales (o fundan las suyas) y concentran sus energías en la defensa y promoción de sus intereses sectoriales. En el plano político, si bien generalmente se identifican con los proyectos de derecha no siempre sus intereses y sus posiciones políticas coinciden con los de las élites más poderosas o hegemónicas.

Por otra parte, se encuentra el fortalecimiento de una facción empresarial de origen árabe, conocida como "los turcos", la cual ha sido otra de las ganadoras de la vigencia del nuevo modelo económico y de la profundización de la globalización. El fortalecimiento de esta élite empresarial es importante no solo porque representa una novedad en la historia salvadoreña, sino también porque algunos de estos grupos empresariales han acumulado mucho poder económico y político, lo cual les ha permitido disputarles el poder a las élites transnacionales y al resto de élites locales. Una característica de estas élites es su participación en política y en los asuntos nacionales, así como su diversidad ideológica y política (capítulo III). Dos ejemplos de esta élite lo constituyen el Grupo Simán, uno de los más transnacionales, influyentes y poderosos del país y el Grupo Salume, un grupo muy influyente políticamente.

Por último, conviene señalar el surgimiento dentro de las élites económicas de una facción cuyo nacimiento está vinculado al control del aparato estatal (y por ende de los recursos públicos) y al establecimiento de alianzas estratégicas con poderes políticos y económicos regionales. Es el caso de la élite vinculada al proyecto

Alba, impulsado por el Gobierno de Venezuela.[11] Esta élite ha aumentado su presencia en los últimos años y ya controla una porción importante de los mercados en los que operan, como es el caso de Alba Petróleos, que hasta hace poco tenía una cuota respetable en el segmento de gasolineras. Estas empresas son controladas por algunos dirigentes del Fmln y operan en sectores estratégicos como el energético, alimentos (producción de alimentos de origen agrícola), el sector financiero, educación y otros. Si bien no existe información confiable sobre el monto de las inversiones de las empresas vinculadas con el Alba, la poca información disponible sugiere que es considerable y que las élites que controlan dichas empresas pueden competir con las élites locales y regionales en algunos ejes de acumulación existentes en el país.[12] Estas élites se caracterizan por su doble naturaleza: son actores políticos que juegan en la arena política partidaria y a la vez se desempeñan como élite económica. Tienen mucha autonomía (y poder, si bien transitorio), por su control o influencia sobre el aparato estatal (ya sea

11. El Salvador no es parte del Alba, pero tiene presencia en el país por los vínculos directos con alcaldías que controla el Fmln. De hecho, Alba Petróleos es una empresa de economía mixta conformada por la Asociación Intermunicipal Energía para El Salvador (Enepasa) que la forman una corporación de alcaldías controladas por el Fmln y por PDV-Caribe S.A. filial de Petróleos de Venezuela (PDVSA) de República Bolivariana de Venezuela.

12. El creciente poder económico de Alba-Petróleo es tal que hace algún tiempo despertó el temor de la ANEP, que argumentó públicamente que dicha empresa tiene el favor del partido en el gobierno y que por tanto realiza competencia desleal y pidió investigar la procedencia de sus fondos.

en el gobierno nacional o en los gobiernos municipales) y representan un contrapeso para las élites tradicionales. Hay que hacer notar, sin embargo, que esta élite es muy dependiente del apoyo financiero de Venezuela, el cual ha disminuido significativamente durante los últimos años debido a la crisis que atraviesa dicho país, situación que ha incidido negativamente en su expansión y consolidación. A esto se suma el impacto de las malas inversiones realizadas en algunos rubros, sobre todo en el sector agropecuario (créditos a pequeños y medianos productores) en el sector de gas (instalación de una planta) y en la aviación comercial (Veca), lo cual ha afectado la rentabilidad y la operatividad de las empresas. La situación de esta élite es más compleja si se considera que su viabilidad y su posibilidad de crecimiento depende en buena medida de que el sector político al que pertenece se mantenga en el poder; en este sentido, la estrepitosa derrota del Fmln en las elecciones del 4 de marzo del presente año (2018) y la consecuente pérdida de numerosas alcaldías y diputaciones, son una mala noticia para esta élite emergente.

Como puede deducirse del análisis precedente, en las últimas décadas las élites económicas registraron cambios que modificaron el balance de poder a su interior y con el resto de los actores sociales y políticos. Ahora son más numerosas, más diversificadas, más plurales y más diferenciadas en sus intereses políticos y económicos. En nuestra opinión, el surgimiento y fortalecimiento de nuevas élites y la mayor pluralidad política e ideológica que se ha producido en su interior, es una tendencia positiva para el desarrollo económico y democrático del país ya que por una parte fortalece y diversifica el tejido productivo y amplía las posibilidades de instaurar un nuevo tipo de capitalismo que sea compatible con la democracia y el desarrollo social; y por otra parte abre la posibilidad de establecer alianzas sociales y políticas con algunas de ellas alrededor de proyectos democráticos de modernización y transformación nacional.

Asimismo, el análisis realizado muestra que en las últimas décadas se ha configurado al interior de las élites un nuevo sistema de pesos y contrapesos que no existía antes de 1980, y que sin duda es mejor para la democracia y para las posibilidades de desarrollo futuro. Por ejemplo, la presencia masiva de las empresas y conglomerados internacionales y regionales si bien genera un problema en términos del control y el manejo de activos estratégicos y de sectores económicos críticos para el desarrollo, también es verdad que ejercen un contrapeso importante a las élites locales y le abre márgenes adicionales de acción al Estado en términos de interlocución y establecimiento de acuerdos. Asimismo, la existencia de nuevas élites desvinculadas de la agricultura y con necesidad de cuadros educados y capacitados abre la posibilidad de establecer alianzas amplias a favor de una apuesta estratégica por la educación y la inversión en capital humano.

Desgraciadamente, las tendencias positivas anteriores son opacadas por la mayor concentración de la riqueza y del poder en un pequeño grupo perteneciente a la élite transnacional y nacional que ha sido la gran ganadora de la vigencia del nuevo modelo económico. En este aspecto, la recomposición de las élites económicas ha contribuido a configurar un sector empresarial mucho más polarizado y diferenciado y una sociedad más desigual. De hecho, los cambios experimentados en la economía y al interior del sector privado en los últimos 37 años reforzaron una de las principales características del tipo de capitalismo perverso existente en el país desde hace más de un siglo: su tendencia a una concentración extrema de la riqueza en pocas manos, debido en buena medida a su fracaso en generar procesos de movilización social ascendente y a su falta de mecanismos distributivos y redistributivos eficientes.

II
El nuevo perfil de los grupos económicos transnacionales

En el estudio que realizamos hace 13 años sobre los grupos económicos centroamericanos (Segovia, 2005), identificamos algunas de sus características básicas, entre las que sobresalen las siguientes: i) Constituyen grupos familiares y algunos de ellos pertenecen a las familias que históricamente han detentado el poder económico en la región; ii) La gran mayoría de los grupos tienen vínculos familiares, lo cual les facilita el establecimiento de alianzas, el intercambio de información y la coordinación de sus actividades de incidencia política; iii) Son sumamente diversificados y operan fundamentalmente en los sectores de servicios (incluyendo servicios financieros, de transporte, turísticos), construcción, comercio e industria, aunque algunos tienen fuertes inversiones en agroindustria y otros pocos en agricultura no tradicional; iv) La mayoría tiene intereses en el sector financiero; v) Tienen alianzas entre ellos aunque practican una fuerte competencia en las actividades más lucrativas, como es el caso de los proyectos inmobiliarios, los servicios financieros y la distribución de vehículos; vi) Los grupos más poderosos tienen alianzas estratégicas con empresas transnacionales y con grupos económicos extra regionales; vii) Estos grupos se han despegado del resto de sectores empresariales, conformándose de esta manera una estructura empresarial nacional y regional mucho más polarizada y desigual (Segovia, 2005).

Con el propósito de actualizar el perfil de los grupos económicos transnacionales salvadoreños y analizar si en los últimos 13 años han registrado cambios relevantes hemos elaborado el cuadro 2, que contiene información sobre dichos grupos hacia principios del año 2018. Gracias a la mayor información pública disponible sobre las actividades empresariales y a la información proporcionada por las personas entrevistadas en el transcurso de la investigación, logramos identificar 16 grupos transnacionales, siete más que en 2005. Como puede observarse, todos los grupos se caracterizan por operar en más de dos países (la mayoría de ellos en toda Centroamérica y algunos en el continente americano y en el Caribe), razón por la cual los definimos como grupos económicos transnacionales (GET).

Un cambio importante en la composición de los GET es la desaparición de dos de los principales grupos existentes en el año 2005, el Grupo Cuscatlán y el Grupo Banco Agrícola, los cuales ya no aparecen en el cuadro 2 debido a que sus dueños se salieron del sector financiero y vendieron las empresas (bancos, empresas de seguros y administradoras de pensiones) a conglomerados financieros internacionales. Como veremos más adelante, la desaparición de estos grupos

Cuadro 2

PRINCIPALES GRUPOS TRANSNACIONALES SALVADOREÑOS HACIA PRINCIPIOS DE 2018

Este cuadro, en formato PDF,
está disponible para descarga libre en la siguiente dirección:

https://qrgo.page.link/sMPAf

constituye uno de los hechos más relevantes ocurridos en la última década al interior de los GET.

Por otra parte, la información del cuadro 2 muestra que la mayoría de los GET pertenece a grupos familiares y que entre ellos existen relaciones de parentesco como es el caso de las familias De Sola-Wright; Wright-Sol; Wright-Borja, Regalado-Dueñas; Palomo-Dueñas; Kriete-Poma; Meza-Palomo, entre otros. Es importante destacar además que los GET pertenecen a dos tipos de grupos familiares claramente diferenciables por el origen de su riqueza. El primer tipo corresponde a aquellas familias tradicionales cuyo patrimonio tiene su origen en la posesión y control de la tierra y en la producción, comercialización y exportación de productos tradicionales de exportación, principalmente café y caña de azúcar. Entre estas familias se encuentran las familias De Sola, Regalado, Dueñas, Cristiani, Borja Nathan, Wright, entre otras. El segundo tipo son aquellas familias cuya riqueza tiene su origen principalmente en el desarrollo de actividades comerciales, industriales y de servicios y no en la tierra ni en la agricultura, como es el caso de las familias Poma, Palomo, Simán, Tesak, Salume, Zablah, algunas de las cuales llegaron al país en la primera mitad del siglo XX provenientes de Europa. Esta diferenciación es importante no sólo porque evidencia el notable proceso de diversificación de la élite económica salvadoreña registrado en las últimas décadas, sino también porque ayuda a explicar las diferencias de actuación y de pensamiento entre los diferentes grupos, así como sus apuestas económicas y políticas (capítulo III).

Otro rasgo relevante de la estructura familiar de los GET es que algunos de ellos pertenecen a familias de origen árabe, conocidos como "los turcos", las cuales se fortalecieron en las últimas décadas como resultado del surgimiento del nuevo modelo económico fundamentado en el dinamismo de los servicios y el comercio, que es principalmente donde dichas familias han operado históricamente. A este tipo de familia pertenecen los grupos Salume, Zablah y el grupo Simán, que es uno de los más poderosos e influyentes del país.

Con respecto a los espacios de acumulación donde operan, el cuadro 2 muestra que la mayoría de los GET está presente en el sector terciario ya que de los 16 grupos identificados 15 de ellos tienen inversiones en dicho sector, particularmente en las actividades relacionadas con la construcción de viviendas, construcción y operación de centros comerciales y de negocios, hoteles, distribución de vehículos y cadenas de almacenes y, en algunos casos, en actividades financieras. Los GET también operan en espacios de acumulación del sector primario, sobre todo aquellos pertenecientes a las familias tradicionales vinculadas históricamente a la agroexportación. Como puede observarse, 9 de los 16 grupos tienen negocios en el sector primario, fundamentalmente en actividades relacionadas con la producción, comercialización y exportación de café y caña de azúcar. Hay que notar, sin embargo, que de estos nueve grupos solo dos de ellos, el Grupo CASSA y el Grupo El Ángel, tienen como espacio principal de acumulación el sector primario, específicamente en las actividades relacionadas con la agroindustria azucarera, una actividad altamente protegida y que en las últimas décadas registró un notable proceso de crecimiento y de integración vertical. El resto, tiene su principal espacio de acumulación en el sector terciario ya que es ahí donde se encuentran sus principales inversiones y operaciones.

Los GET también operan en el sector secundario, aunque su presencia en este sector ha disminuido en los últimos 13 años debido a que algunos de ellos vendieron sus empresas industriales a empresas internacionales. Como puede observarse en el cuadro 2, solamente 9 de los 16 GET siguen operando en espacios de acumulación del sector industrial y dos de ellos (el Grupo CASSA y el Grupo El Ángel), en actividades relacionadas con la agroindustria de la caña de azúcar. Otro dato relevante es que, para la mayoría de los grupos en el sector secundario, las actividades industriales no constituyen su principal eje de acumulación de capital; la excepción la constituyen los Grupos Adoc y Diana quienes concentran sus intereses principalmente en ese sector.

El hecho de que la gran mayoría de los GET operan en el sector terciario y que las actividades que desarrollan en ese sector constituyen sus principales ejes de acumulación no es una novedad dada la existencia en El Salvador y en Centroamérica de un modelo económico de servicios y comercio fundamentado en buena medida en el aumento del consumo provocado por las remesas familiares y por la disponibilidad de crédito personal impulsado por la banca comercial en la región. Lo que sí constituye una novedad con respecto a la situación existente hace 13 años es la desaparición de los poderosos grupos financieros del país (Grupo Cuscatlán y Grupo Banco Agrícola Comercial)[1] y el

1. En el año 2016 fue fundado un nuevo banco, el Banco Azul, en cuya Junta Directiva está la mayoría de las familias vinculadas al antiguo Banco Agrícola. Sin embargo, éste es

abandono de los GET del espacio de acumulación vinculado con el sector bancario mediante la venta de todos los bancos a conglomerados financieros internacionales.[2] También es novedosa la venta de importantes empresas insignia del sector secundario y terciario[3] a empresas transnacionales. Como resultado de estas ventas, en la última década se profundizó y consolidó el proceso que en otros trabajos hemos denominado de *desnacionalización* de la economía (Segovia, 2005), ya que en la actualidad virtualmente todos los sectores y ramas principales están en manos extranjeras. Por otra parte, y como vimos en el capítulo I, el replie-

---

un caso aislado y no representa hasta hoy una tendencia del retorno de las élites económicas salvadoreñas a la banca.

2. El primer banco que se vendió fue el Banco de Comercio (ligado a las familias Belismelis, Catani, Papini, Alvarez Freund, Cohen, Sol, Escalante Sol, Quiñónez Sol, Palomo, entre otras. Le siguió el Banco Salvadoreño en el 2007, peteneciente a las familias Simán Jacir, Simán Siri, Salume, Zablah Touché y posteriormente la venta del Banco Agrícola ligado a las familias Baldochi Dueñas, Kriete Ávila, Dueñas, Palomo Déneke, Araujo Eserski, Shildknecht, Pacas Díaz y Cohen. Finalmente se realizaron las fusiones del Grupo Uno (vinculado a las familias Meza Ayau, Meza Hill, Sol Meza, Quiñónez Meza y Álvarez Meza) y del Banco Cuscatlán (ligado a las familias Cristiani, Salaverría, Hill, Kriete, entre otras) que dio origen a CITI Centroamérica (Robles Rivera, 2011; Kasahara, 2012).

3. Tal es el caso, por ejemplo, del grupo Agrisal, que vendió su principal empresa (Cervecería La Constancia) a la transnacional surafricana SAB-Miller, o del Grupo Kriete, que procedió a la fusión de su principal empresa (TACA) con la aerolínea colombiana Avianca. Lo mismo ocurrió con la empresa Cementos de El Salvador (CESSA) que fue comprada por la transnacional cementera suiza Holcim.

gue de los grupos transnacionales salvadoreños de ejes de acumulación estratégicos industriales y financieros tuvo implicaciones importantes en términos de las relaciones de poder y del funcionamiento de la economía ya que posibilitó el control de dichos espacios a actores económicos internacionales y regionales con mucho poder económico, lo cual modificó el balance de poder al interior del sector empresarial a favor de ellos.

Una pregunta relevante que surge del análisis anterior es la siguiente: ¿Por qué las familias vinculadas a los grupos económicos transnacionales se retiraron de ejes de acumulación altamente rentables y se los entregaron a empresas extranjeras? De acuerdo con las entrevistas realizadas, dos parecen ser las razones principales que explican dicha situación. La primera, tiene que ver con la fuerte competencia que los grupos económicos enfrentaron en la última década por parte de las empresas internacionales y regionales que ingresaron al país aprovechando la política de apertura y liberalización económica externa tanto de bienes como de capitales, quienes no sólo llegaron a disputar el control de los espacios de acumulación más rentables, sino que además decidieron competir con los grupos económicos locales por el control del mercado interno y regional. Esta situación fue confirmada por varios de los empresarios entrevistados, quienes aceptaron que competir con conglomerados internacionales y regionales altamente competitivos y poseedores de tecnología de punta, significaba un alto riesgo para sus inversiones. La segunda razón tiene que ver con las ganancias extraordinarias que podían obtener los diferentes grupos con la venta de las empresas. Sobre este punto, varios de los empresarios entrevistados comentaron que la mayoría de las familias propietarias de los grupos no pudo resistir la tentación de vender –aunque eso significara deshacerse de empresas familiares que habían sido construidas por varias generaciones a lo largo de décadas de trabajo arduo– debido a las jugosas ganancias que dichas transacciones representaban.

El caso paradigmático que muestra tanto el efecto de la competencia derivada de la entrada de poderosos y experimentados jugadores internacionales, así como la existencia de oportunidades de obtener ganancias extraordinarias lo constituye la venta del sistema bancario a partir del año 2005. Esta venta es importante ya que como hemos señalado reiteradamente (Segovia, 2002, 2004), el sistema financiero constituyó uno de los principales ejes de acumulación del nuevo modelo económico salvadoreño del cual se lucraron la mayor parte de los grupos económicos y de donde obtuvieron una gran riqueza y poder. La importancia de este eje de acumulación fue tal que el gobierno de Francisco Flores (1999-2004) apostó (sin éxito) a convertir a El Salvador en una plaza financiera y de servicios regional (Segovia, 2002; Robles, 2011, 2017).

Si bien no existe acuerdo entre los analistas económicos y los académicos sobre las razones que llevaron a las familias ligadas a los grupos económicos a deshacerse de los bancos, parece claro que algunos de los factores que influyeron fue su temor a la competencia internacional en el sector,[4] la caída de la

4. Este temor a la competencia internacional fue confirmado por una de las empresarias entrevistadas, quien señaló que una de las causas principales por las cuales su grupo familiar decidió vender el banco donde tenían acciones fue el temor

rentabilidad provocada por la dolarización del 2001 y por el bajo crecimiento de la economía, y las jugosas ofertas financieras recibidas por parte de los inversionistas internacionales. Como ha señalado Kasahara (2012), la dolarización de la economía y la imposibilidad de competir contra el capital transnacional, así como la fragmentada y poco clara estrategia bancaria de las élites favoreció la venta de los bancos.

La decisión de los GET de abandonar algunos espacios de acumulación de los que se lucraron por décadas fue acompañada de otra no menos importante: la de concentrar sus capitales y sus energías en aquellos espacios de acumulación altamente rentables en los que se consideran fuertes y competitivos. Tal y como señaló uno de los empresarios entrevistados: "ante el nuevo contexto (de fuerte competencia), decidimos concentrarnos en aquello que sabemos hacer mejor y en donde tenemos experiencia y ventajas competitivas y comparativas con las empresas internacionales y con nuestros pares". Para la mayoría de los grupos, el sector privilegiado para resistir la competencia y expandirse fue el sector terciario, particularmente los espacios de acumulación vinculados con la construcción de viviendas, la edificación y manejo de centros comerciales, hoteles y centros de negocios; el comercio (cadenas de almacenes y de empresas distribuidoras de productos locales e importados, etc.) y algunas actividades financieras.

En la práctica, las decisiones anteriores provocaron en la última década un proceso de especialización de los GET, el cual está todavía en desarrollo. Como ya

---

a no poder competir con la banca internacional debido al alto desarrollo tecnológico con que ésta última opera.

hemos señalado, actualmente la mayoría de los grupos ha optado por apostarle a los espacios de acumulación en el sector terciario, aunque también maneja negocios importantes en los sectores primario y secundario. Esta tendencia confirma el hallazgo encontrado hace más de una década relacionado con los intereses económicos de los grupos transnacionales, los cuales se encuentran mayoritariamente en el sector terciario, es decir, en las actividades relacionadas con el comercio y los servicios, las cuales siguen siendo altamente lucrativas. Desde otro ángulo, esta concentración de los intereses económicos de los GET en el sector terciario confirma la vigencia y consolidación en el país de un modelo económico sustentado en gran medida en el consumo proveniente de las remesas familiares y de la expansión del crédito interno.

Otra estrategia implementada por los GET en los últimos 13 años para lidiar con la creciente competencia y para aprovechar sus ventajas competitivas y comparativas es la profundización de su internacionalización, sobre todo hacia Centroamérica y los más poderosos hacia el resto de América Latina y el Caribe. En efecto, como se observa en el cuadro 2, la mayoría de los grupos operan actualmente en toda Centroamérica y algunos de ellos han consolidado y extendido sus operaciones hacia el resto del continente americano y hacia el Caribe. Los grupos más transnacionales son el Grupo Simán, que opera en al menos 23 países; y el Grupo Poma que lo hace en al menos 11 países. Conviene señalar que esta estrategia de internacionalización está siendo desarrollada de diferentes maneras por los GET. En el caso de los grupos más sólidos y solventes, la están realizando con sus propios recursos y sin alianzas con empresas o conglomerados internacionales. Como señaló un empresario perteneciente a este tipo de grupos: "en el pasado recurrimos a alianzas con otros grupos para expandirnos porque necesitábamos de ellos por el tema de la plata y por su conocimiento de los países y los mercados donde queríamos operar, hoy eso ya no es necesario porque somos financieramente autosuficientes". Otros grupos, por el contrario, han buscado socios internacionales y regionales para expandirse debido a las ventajas que esta modalidad representa. De acuerdo con un empresario, su grupo familiar eligió esta modalidad debido a que "se disminuyen los riesgos, se aprovecha el conocimiento de mercados que se tiene conjuntamente y se amplía el capital disponible para operar". Este mismo empresario señaló que han tenido problemas en Honduras y Costa Rica, pero que "la salida al exterior los hace más eficientes y competentes".

El análisis anterior sugiere que en los últimos 13 años los GET registraron cambios importantes en su composición y en su perfil, aunque prevalecieron algunas de sus características básicas, sobre todo las relacionadas con la propiedad familiar de los grupos y con la concentración de sus intereses en el sector terciario, particularmente en el comercio y los servicios. Entre los cambios más notables se encuentra su retiro masivo del espacio de acumulación relacionado con el sector financiero, el cual pese a ser altamente rentable representaba un peligro debido a la entrada de empresas y grupos internacionales y regionales fuertes y altamente competitivos. Por otra parte, la gran mayoría optó por la especialización en aquellos rubros donde tienen claras ventajas competitivas y comparativas y en donde la competencia internacional es menor, razón por la cual vendieron sus participaciones accionarias en diversas empresas.[5] Estas tendencias reforzaron su presencia en el sector terciario, lo cual constituye una mala noticia en términos de desarrollo productivo, ya que significa que los GET han decidido seguirle apostando principalmente a las inversiones poco productivas y especulativas. Solo algunos de ellos optaron por mantener sus espacios de acumulación tradicionales e incursionar a otros nuevos, como es el caso de los grupos CASSA y El Ángel quienes en la última década realizaron grandes inversiones para modernizar la industria azucarera e incursionaron en actividades relacionadas con dicha industria, como la generación de energía mediante la utilización del bagazo de la caña de azúcar. El Grupo El Ángel además ha decidido incursionar en el mercado de bienes raíces, para lo cual se ha asociado con el Grupo Dueñas. Por su parte, el Grupo Kriete recientemente incursionó de manera exitosa y masiva en el rubro del comercio, con la creación de una cadena de tiendas al por menor,[6] que ya se encuentra presente en varios países centroamericanos. Finalmente está el caso del Grupo Diana que a partir de la consolidación de sus actividades en el sector secundario comenzó a expandirse hacia el sector terciario, particularmente en la construcción de viviendas y en actividades financieras.

---

5. Un caso que muestra claramente esta tendencia es el Grupo Dueñas, que en la última década vendió su participación accionaria en empresas industriales y financieras, con el propósito de concentrarse en las actividades vinculadas con bienes raíces.

6. En la inversión en la cadena Dollar City participa además de la familia Kriete, la familia Baldocchi.

Para concluir el análisis del perfil de los GET, es importante mencionar los cambios organizacionales que han tenido lugar al interior de algunos grupos. Uno de los más notables señalados reiteradamente por los empresarios y empresarias entrevistadas, ha sido el ingreso a las juntas directivas y a los puestos de dirección de las empresas de personas distintas al grupo familiar propietario del grupo, típicamente altos ejecutivos muy capaces y que gozan de la confianza del grupo familiar. De acuerdo con algunos de los entrevistados, este cambio ha sido el resultado de la necesidad de aumentar la eficiencia y la competitividad de las empresas y ha sido beneficioso ya que se ha traducido en un manejo más eficiente de los negocios y ha permitido avanzar en el proceso de modernización institucional al interior de los grupos. Como veremos a continuación, este proceso que podríamos denominar como de modernización organizacional de los GET ha sido acompañado de otro cambio mucho más importante: la entrada y toma del control de los grupos por parte de una nueva generación de empresarios.

III
El cambio generacional en los grupos económicos transnacionales: continuidades y rupturas

Actualmente los grupos económicos transnacionales se encuentran en medio de un cambio interno relevante: la generación de empresarios que condujo los negocios de las familias más poderosas del país por casi cuarenta años, que fue marcada profundamente por la violencia política de los años setenta y que lideró al sector empresarial en la guerra y en la paz se está retirando por cuestiones de edad, y una nueva generación compuesta por sus hijos, sobrinos e incluso nietos, protegida y acostumbrada a la abundancia y a los privilegios ha comenzado a tomar el control de los grupos, a asumir el liderazgo dentro del sector empresarial y a participar activamente en la política nacional.

Para algunos escépticos, este cambio generacional no tiene mayor relevancia ya que consideran que existen más continuidades que rupturas en el pensamiento y la acción entre los padres y los hijos y que por tanto el relevo generacional en el fondo es más de lo mismo, con el agravante que la nueva generación de empresarios tiene un comportamiento económico más especulativo y rentista que la que se está retirando. En el otro extremo, algunos optimistas opinan que el cambio generacional es importante ya que significa la llegada de una nueva generación de empresarios menos dogmática, más tolerante y más comprometida con la democracia, y que por su formación y su vivencia personal es más favorable a los cambios y a la búsqueda de consensos nacionales.

Con el propósito de contribuir al análisis de la naturaleza, los alcances y las implicaciones del cambio generacional que está teniendo lugar actualmente al interior de los GET, en las entrevistas realizadas en el marco del presente trabajo abordamos explícitamente esta temática, tratando de responder las siguientes preguntas: ¿Qué tan profundo es el cambio generacional actualmente en marcha? ¿La nueva generación de empresarios es distinta a la que se está retirando o es más de lo mismo? ¿Cómo está afectando el cambio generacional la estructura interna y la conducción de los grupos? ¿Existe algún cambio con respecto al rol de las mujeres empresarias dentro de los grupos? ¿Cuáles son las apuestas políticas, sociales y económicas de los empresarios que están tomando el control de los grupos? Y, finalmente, ¿qué se puede esperar de una generación heredera de grandes fortunas, que buena parte de su vida la ha pasado en el exterior y que a diferencia de sus padres y abuelos nunca ha visto en peligro sus posesiones y sus privilegios? A continuación se presentan los principales hallazgos obtenidos.

El primer aspecto que interesa resaltar es que el cambio generacional al interior de los GET es un proceso real e irreversible, complejo y difícil de manejar que incluye, además del tema de la sucesión, la forma de incorporación de los nuevos miembros de la familia (hijos e hijas, primos y primas e incluso nietos y nietas) a puestos de dirección y de gestión de los negocios del grupo. Además, la transición generacional es considerada por los empresarios y empresarias entrevistadas como potencialmente conflictiva y disruptiva debido a los reacomodos que implica para los grupos familiares y a los grandes y diversos intereses económicos involucrados. Al respecto, uno de los empresarios comentó que el problema de fondo es que el cambio generacional puede afectar la solidez de los grupos, por lo que "Varios de ellos han contratado consultores para que les ayuden a cómo administrar las transiciones". Esto fue confirmado por otro empresario, perteneciente a una familia numerosa: "(en nuestro grupo familiar)... somos 15-16 primos, es complejo el tema del traspaso y la sucesión y el manejo del grupo... (Por ello) Se contrató una consultoría para definir el rol de la familia en la empresa. Hoy existe una gobernanza familiar". Un tercer empresario afirmó que él personalmente se ha estado preparando académicamente en el exterior para ayudar a la transición generacional en su grupo familiar y confesó que el grupo aún no ha diseñado la estrategia de transición, para lo cual van a contratar a alguien para que los asesore.

Las medidas y las precauciones que están tomando las diferentes familias no son para menos, si se considera que el actual cambio generacional incluye en la mayoría de los casos el cambio de sucesión, es decir, el cambio de liderazgo de los grupos económicos, lo cual no es frecuente debido a que generalmente los líderes de los grupos se mantienen hasta que fallecen o hasta que renuncian a edades avanzadas. Además, incluye la forma de participación de los nuevos miembros de la familia en las empresas del grupo, especialmente en las juntas directivas y en los puestos ejecutivos importantes. Los resultados de las entrevistas sugieren que cada grupo familiar está lidiando con estos temas de manera distinta, atendiendo a sus tradiciones y a los arreglos familiares internos. Por ejemplo, para algunos grupos la sucesión no ha sido mayor problema debido a que han seguido (o piensan seguir cuando sea el caso) el criterio de antigüedad (a la salida del padre asume el miembro mayor de la familia) o de capacidad (asume el control el considerado más apto dentro del grupo familiar si lo hay, que puede ser un hijo o un sobrino, o bien se recurre a alguien externo al grupo).

Con respecto al tema de la participación de los nuevos miembros de la familia en los negocios, especialmente en los órganos de dirección y en las instancias operacionales, cada grupo tiene sus propias reglas. Por ejemplo, un empresario perteneciente a uno de los grupos más influyentes y poderosos del país señaló que en su caso, los miembros de la familia entran a los negocios familiares por mérito: "De la cuarta generación solo cinco trabajan en la empresa. Se trabaja por mérito y capacidad". Este mismo empresario informó que la familia controla totalmente el grupo y que se niegan a integrar gente externa a la familia que no conozca el negocio, por lo que, con unas contadas excepciones, solo familiares son parte de las juntas directivas. Otro empresario manifestó que es tradición en la familia que los miembros de las nuevas generaciones adquieran experiencia profesional fuera del grupo antes de incorporarse a los puestos de dirección y que aquellos que muestran más habilidades y aptitudes empresariales pasan a formar parte de las juntas directivas de las empresas familiares. Una tercera modalidad fue expuesta por un empresario perteneciente a uno de los grupos más internacionalizados, quien afirmó que, en el caso de su grupo familiar, los nuevos miembros trabajan desde muy temprano dentro y fuera de las empresas familiares y en este último caso se van rotando entre las diferentes áreas o departamentos con el propósito de que conozcan en su totalidad el funcionamiento de los negocios. Por su parte, un empresario de uno de los grupos que tiene sus principales intereses en el comercio destacó que en su caso los puestos de dirección son ocupados por los miembros de la familia más capaces y por profesionales competentes que no pertenecen al grupo familiar y enfatizó que "Hay una competencia entre los miembros del grupo y los que no son del grupo". Otro empresario informó que, si bien el grupo al que pertenece no tiene mayores problemas de sucesión por el tamaño pequeño de la familia, debido al crecimiento familiar que se prevé en el futuro ya establecieron las reglas que regirán el ingreso al grupo de las futuras generaciones (nietos). En la misma línea, una de las mujeres empresarias entrevistadas comentó que con el propósito de manejar adecuadamente el cambio generacional que se les avecina, han establecido reglas para ingresar a las empresas para los miembros de la cuarta generación, que suman un total de 15 personas.

Independientemente de la forma en que cada grupo familiar está lidiando con el cambio generacional, lo cierto es que dicho proceso está teniendo importantes repercusiones en la institucionalidad de los grupos transnacionales, particularmente en lo relacionado con la participación del grupo familiar en las empresas.

Por ejemplo, uno de los empresarios entrevistados, perteneciente a uno de los grupos familiares más antiguos del país señaló que a raíz de los resultados de la consultoría internacional encomendada, modificaron la forma de participación de la familia en las empresas ya que por una parte crearon las asambleas familiares, un espacio nuevo en el que periódicamente se reúne la totalidad de la familia para informarse sobre la marcha de los negocios del grupo; y por otra, modificaron la composición de las juntas directivas de las empresas del grupo (que antes estaban compuestas exclusivamente por miembros de la familia), las cuales ahora están formadas por cuatro personas: un hermano y un primo y dos profesionales externos que cuentan con la plena confianza de la familia. En el caso de otros grupos, si bien no han modificado la composición de las juntas directivas, el cambio generacional los ha obligado a recomponerlas para darles espacio a los nuevos miembros de la familia que están asumiendo tareas de dirección.

Es precisamente en los espacios de dirección de las empresas, particularmente en las juntas directivas, donde se sienten las consecuencias del cambio generacional ya que los nuevos miembros tienen una forma distinta de entender y manejar los negocios que la practicada por la generación saliente y ésta muestra una gran resistencia a los cambios. Para ilustrar esta situación, uno de los empresarios entrevistados señaló que el ingreso de un familiar de la nueva generación a la junta directiva de la principal empresa del grupo ha causado tensiones y molestias por llegar "con ideas nuevas y con su computadora, lo cual no es del agrado de los viejos". Según este empresario "los viejos son tercos, tienen debilidades y les cuesta cambiar... son leales con su gente (mandos medios, personal de confianza, etc.)... por lo que el reclutamiento de personal es un problema". Otro empresario se pronunció en la misma línea, afirmando que cuando la nueva generación propuso cambios en los horarios de atención a los clientes en los negocios del grupo (con el propósito de abrir los fines de semana y en horas nocturnas), su padre y sus tíos se oponían porque iba en contra de la tradición.

La resistencia al cambio por parte de la generación saliente es entendible si se toma en consideración el hecho de que para ella su larga gestión es la que ha permitido construir los negocios y multiplicar las fortunas familiares y porque además algunos de los actuales líderes consideran que la nueva generación no tiene la experiencia ni el conocimiento del país y de los negocios que ellos acumularon por cerca de cuatro décadas. Esta posición fue expuesta claramente por uno de los empresarios pertenecientes a la generación saliente, quien afirmó que entre las nuevas y viejas generaciones existe "una diferencia intelectual" y que las nuevas generaciones no tienen el debido conocimiento del entorno y "no han vivido una verdadera crisis, sino que han crecido y vivido en ambientes protegidos". Por su parte, los empresarios pertenecientes a las nuevas generaciones consideran que las diferencias entre ellos y sus padres y abuelos tienen que ver con la distinta formación académica y profesional, con la contribución de cada generación al grupo económico al que pertenecen y con el concepto distinto que cada una tiene de la empresa y de la responsabilidad empresarial. Esta situación la expuso claramente un empresario perteneciente a un grupo económicos del sector comercio: "mi padre es de la gente dura que le tocó construir de la nada (era vendedor), mientras que yo nací con privilegios, tengo una visión más solidaria y social y practico una gestión empresarial más moderna". Otro empresario argumentó que las dos generaciones son diferentes porque tienen fines distintos: "Las nuevas generaciones son distintas a la primera y segunda ya que tienen fines nuevos... (Para nosotros)... existe un fin de bienestar social de la empresa y un fin de lucro (de los accionistas)". De acuerdo con este empresario, esta diferencia de fines se evidencia claramente en la forma en que cada una de las generaciones entiende el concepto de responsabilidad: "El concepto de responsabilidad de las nuevas generaciones es distinto al de las viejas ya que la responsabilidad (para nosotros) se ve como parte de lo que se mide en la empresa" y agrega que en su grupo, más que el concepto de responsabilidad social empresarial, el concepto clave es el de "responsabilidad a secas": "El tema es preguntarse si al mundo le conviene que yo exista... Por eso la responsabilidad es fundamental". Por su parte un empresario cuya familia tiene fuertes intereses en la agroindustria manifestó que para él "la empresa no debe ser un ente aislado, sino que debe tomar en cuenta el entorno". Desde otra perspectiva, una de las mujeres empresarias entrevistadas argumentó que en su familia las generaciones tienen intereses distintos en el sentido de que a ella y a sus hermanos no les interesa el principal negocio de su padre y su tío (la agroindustria del café) debido a que no tienen los mismos vínculos afectivos con el campo: "Trabajar en el campo tiene implicaciones... hay un vínculo afectivo y a nosotros (los hijos) nos cuesta muchísimo".

Del análisis anterior se deduce que la nueva generación de empresarios se considera diferente a la generación de sus padres y sus abuelos en varios aspectos... y efectivamente lo es. En primer lugar, porque es una generación privilegiada, heredera de grandes riquezas, que en su mayoría ha pasado buena parte de su vida en el exterior, especialmente en Estados Unidos, donde ha estudiado y ejercido por buen tiempo su ciudadanía. Como contraparte, es una generación con un menor conocimiento del país y con una menor experiencia en la política nacional que sus padres y sus abuelos, pero con la ventaja que está menos atada al pasado de violencia política y menos marcada por las secuelas de la guerra civil. Sobre este último punto, un empresario fue contundente: "La generación vieja quedó marcada por la guerra y las reformas de los ochenta, mientras que para nosotros la guerra no ha sido una carga". Esta vivencia y formación tan particulares de la nueva generación de empresarios son las que explican en buena medida las diferencias de discurso que existen entre ella y las generaciones de sus padres y sus abuelos con respecto a la política, la economía y la sociedad.

En el ámbito político, la nueva generación de empresarios acepta que su formación política es básica e insuficiente comparada con la de sus padres y sus abuelos, pero reivindican el hecho de que, a diferencia de las viejas generaciones, no están tan ideologizados y creen que el diálogo y la negociación son la mejor vía para resolver los problemas del país. Al respecto, uno de los empresarios provenientes de una de las familias más conservadoras y políticamente más beligerantes del país afirmó que "Se necesita una discusión nacional que rompa con el enfrentamiento y el esquema de polarización y que se discuta el futuro del país". En esta misma línea de argumentación, otro empresario señaló que "hay que tender puentes" y que "Es necesario llegar a acuerdos nacionales en temas como los sociales". Por su parte, un empresario cuyo grupo ha estado vinculado históricamente a la agroindustria y que ahora tiene su principal espacio de acumulación en el sector de bienes raíces dijo estar convencido que "se necesitan alianzas de gobernabilidad". De hecho, la gran mayoría de los entrevistados concuerda que la única forma de superar la polarización política existente en el país es mediante el diálogo constructivo que posibilite alcanzar grandes acuerdos nacionales.

Con respecto al sistema político, la nueva generación de empresarios se muestra partidaria de la democracia y muchos de ellos tienen como su referente la democracia estadounidense. Al respecto, uno de los empresarios involucrado en política partidista, que creció en Estados Unidos y que se define como un "luchador social", tiene como paradigma la democracia de Estados Unidos: "Soy liberal al estilo estadounidense, soy demócrata, no republicano". Este empresario le apuesta a "establecer una institucionalidad democrática, a construir democracia... Nuestro jefe es el pueblo... la mayoría". En esta misma línea se pronunció otro empresario, también involucrado en la política partidista, quien se definió como "liberal progresista" al estilo de Estados Unidos.

Es importante señalar que la gran mayoría de los entrevistados consideran que en El Salvador la democracia "es frágil" y que "deja mucho que desear", razón por la cual coinciden en que es necesario mejorarla y fortalecerla. Además, son extremadamente críticos con la clase política y con los partidos políticos, incluyendo el que fundaron sus padres y sus abuelos, el partido Arena. Al respecto, uno de los empresarios, cuyo padre fue fundador de Arena, sostuvo que dicho partido "necesita un cambio profundo", incluyendo un cambio en "la forma de relevarse para que no sean los mismos", y confesó que él personalmente no vota por Arena "sino por caras y por varios partidos". Otro empresario cuya familia ha estado siempre involucrada con Arena y ha sido una de sus principales financistas señaló que dicho partido "es igual al Fmln... está controlado por un grupito de gente sin visión". Una de las empresarias entrevistadas que simpatiza políticamente con el centro, fue categórica en señalar que no se identifica con Arena, al que definió como un "partido conservador con poca inclusión... son las mismas argollas". Otra empresaria manifestó que en su caso la relación con Arena es mínima, "cuidando urnas nada más" y señaló que "existe una relación distinta con Arena de los padres y los hijos". Por su parte, un empresario perteneciente a las familias más influyentes del país declaró que "no se siente identificado ideológicamente con Arena" y que "tiene más coincidencia de intereses con la izquierda". Finalmente, un empresario de los grupos más internacionalizados afirmó que "Arena está controlada por los grupos tradicionales" y que "Los diputados actuales de Arena son lo peor".

Ante estas posiciones tan críticas hacia Arena, surge una pregunta obligada: ¿porque entonces la mayoría de los entrevistados siguen apostándole a ese partido? Parte de la respuesta tiene que ver con el hecho de que en la actualidad Arena es el único instrumento político con el que cuentan para competir electoralmente y para enfrentar al Fmln. Esto lo expresó de manera contundente uno de los empresarios entrevistados procedente de una de las familias más antiguas y poderosas del país: "Arena es un vehículo que hay que usar porque no hay otro, pero que requiere cambios: tiene piezas viejas, partes que no funcionan, es una fábrica antigua… el nivel de los diputados y alcaldes es bajo y da pena." Sin embargo, para algunos empresarios esta situación cambiará en el futuro ya que consideran necesario e incluso una obligación fundar o apoyar nuevos partidos de derecha, más moderados, modernos y democráticos.[1] La gran mayoría de los entrevistados está dispuesta a participar en política y algunos de ellos a formar parte de un gobierno de unidad nacional.

Con respecto al papel que juegan las cámaras empresariales, las posiciones de los entrevistados son variadas e incluso opuestas. Algunos de ellos son sumamente críticos con dichas asociaciones, particularmente con ANEP. Al respecto, uno de los empresarios señaló que "ANEP se dedica a defender el sistema, no los intereses del país". Otro empresario fue más lejos al afirmar que algunos de los líderes empresariales que dirigen las gremiales "Creen que El Salvador es su finca". Otros, por el contrario, consideran que las cámaras empresariales son relevantes y deberían ser el instrumento principal de representación de los

1. Ésta es la razón que explica la simpatía de muchos de los entrevistados (y el fuerte apoyo de una buena parte de ellos) con la iniciativa liderada por Johnny Wright (del Grupo El Ángel), quien luego de salirse de Arena tomó la decisión de formar un nuevo partido político ("Nuestro Tiempo") con una visión de largo plazo.

empresarios. Uno de los entrevistados que define a su grupo familiar como "empresarios institucionales" informó que ellos operan a través de las cámaras y que su relación con el gobierno la hacen desde esas instituciones.

En el plano económico la nueva generación, al igual que la saliente, es fiel creyente de la economía de mercado y de las bondades de la "libre competencia" y hacen énfasis en la necesidad de mantener la macroeconomía en orden y de preservar la disciplina financiera y fiscal. Sin embargo, a diferencia de sus padres, que tenían un discurso económico bastante unificado y creían que la solución para los problemas del país era la aplicación de reformas económicas inspiradas en el Consenso de Washington, la nueva generación no tiene una narrativa común ni tiene una idea clara de lo que hay que hacer para crecer más y generar más empleos. En opinión de uno de los empresarios entrevistados, esto se debe en parte a que la generación saliente "era más unida, mientras que nosotros (la nueva generación) no hablamos mucho entre nosotros". Para otros, la falta de una narrativa común entre la nueva generación tiene que ver con la existencia de varios tipos de empresarios: los rentistas y los empresarios. Al respecto un empresario procedente de una familia inmigrante sin vinculación con la tierra argumentó que hay dos tipos de grupos económicos: "Hay que distinguir entre los grupos agrícolas y los emprendedores... (es decir)... Los que no tienen su origen en la posesión de la tierra ni en la agricultura... Los emprendedores, todos han comenzado de la nada... Estos nuevos grupos tienen naturaleza empresarial, mientras que los agrarios no". En la misma línea se expresó otro empresario de un grupo de origen similar, quien fue muy crítico con sus pares "por ser rentistas y haber dejado de ser industriales". En su opinión, el hecho de que existan estos empresarios rentistas genera "problemas de liderazgo dentro de los empresarios".

La falta de una narrativa y apuesta económica comunes de la nueva generación de empresarios tiene que ver, además, con sus menores vínculos orgánicos con Fusades que los que tuvieron sus padres y abuelos y se evidencia claramente en las propuestas que plantean, que se caracterizan por su dispersión y por su falta de integralidad. Por ejemplo, uno de los empresarios de un poderoso grupo económico vinculado al sector agroindustrial afirmó que él representa un nuevo tipo de capitalismo en el país y apuesta por las cooperativas: "Yo soy de un nuevo capitalismo y estoy a favor de apoyar (técnica y administrativamente) a las cooperativas para que sean exitosas". Por su parte, uno de los empresarios involucrados en política partidista mencionó que entre las medidas económicas que él recomienda está la promoción de encadenamientos productivos (por regiones y productos), "encadenarse con la economía mundial con calidad y valor agregado" y poder así "construir una economía basada en valor agregado y especialización productiva". Además, se pronunció a favor de mejores salarios: "es un error la mano de obra barata". Para crecer propone aumentar la inversión privada "al 20-25 por ciento del PIB" para lo cual "hay que vender el país al mundo". Agregó además que es fiel creyente de la descentralización y que sus principales apuestas son la sustitución de importaciones, el desarrollo industrial, la logística, el turismo, los servicios y la formalización del sector informal. Otro empresario se pronunció a favor del desarrollo agroindustrial y de la reactivación del café. Además, dijo apostar a las exportaciones con valor agregado y a los asocios público-privados.

Dos aspectos en los que la nueva generación de empresarios tiene un discurso mucho más matizado que la generación saliente son los referentes al papel del Estado y a los impuestos. Con respecto al rol del Estado, y con excepción de un par de empresarios que tienen una posición parecida a sus padres y abuelos, el resto no tiene un discurso anti-estatal tan radical como la generación saliente. De hecho, la mayoría cree que el Estado tiene un rol importante que jugar en la economía y la sociedad, pero está convencida de que hay que reformarlo para hacerlo más eficiente. Uno de los empresarios afirmó que el Estado tiene "un rol básico y tiene que ser fuerte", pero de ninguna manera tiene que estar "al servicio de grupos de poder ni de partidos". Agregó que no le tiene miedo a un Estado grande "siempre y cuando dé buenos servicios". Otro empresario manifestó que "El Estado tiene un importante rol que jugar, tiene responsabilidad en lo económico y en lo social", y agregó que "debe velar por el ser humano, pero que a la vez ayude a las empresas privadas a generar riqueza". También considera que el Estado debe "auto regularse" y que sus intervenciones en la economía deben ser "promercado". Para una de las empresarias entrevistadas, el Estado es importante y considera que la inversión pública debe aumentar ya que "en el país hay un gasto insuficiente del gobierno, de las empresas y de las personas". Otro empresario se mostró a favor de una participación del Estado en la economía y subrayó la importancia de hacer "un asocio entre el Estado, los privados y las comunidades". En la misma línea se pronunció otro de los entrevistados, al manifestar que el Estado y el gobierno tienen que ser eficientes, señalando además que "la inversión nacional puede aumentar mediante los asocios público-privados".

Un aspecto relevante que surgió en las entrevistas fue el de la relación entre el Estado y los empresarios. Al respecto, hubo coincidencia en señalar que esta relación depende en buena medida del tipo de actividad que desarrollan los empresarios y de qué tanto las empresas necesitan del Estado para funcionar. De acuerdo con uno de los empresarios perteneciente a un grupo que tiene sus intereses en el comercio, su grupo "No necesita del gobierno como otros grupos, como los agricultores y los constructores". Y señaló que "Lo que nos afecta es nada más el tema de las regulaciones y de la coherencia en el manejo de las políticas públicas". Por su parte, un empresario perteneciente a un grupo cuyos intereses principales están en la agroindustria del azúcar, afirmó que debido a las características del sector en que operan, "están en contacto permanente con el Estado" desde el nivel local (alcaldías) hasta el nivel central (ministerios, instituciones autónomas, etc.), por lo que "tienen una política permanente de acercamiento e interlocución con el gobierno en los diferentes niveles". Otro empresario del mismo sector fue más allá y señaló que "la relación del sector (azucarero y de otros grupos) con el gobierno ha sido históricamente de tipo "transaccional", "dar algo a cambio de algo", pero que actualmente eso ya no se hace debido a que "Hay una nueva forma de hacer negocios con el Gobierno: "creando más empleos y aportando más dinero a través de los impuestos". Por otra parte, un empresario vinculado con los bienes raíces afirmó que efectivamente, debido a la naturaleza del sector construcción, que está muy regulado y requiere una serie de permisos y licencias, su relación con el Estado es permanente y generalmente cordial, aunque se quejó de la enorme burocracia estatal.

En relación con los impuestos, la nueva generación de empresarios está lejos de tener una postura común. Si bien la mayoría sostiene que los empresarios deben pagar impuestos y buena parte de ellos está a favor de que "los que ganan más paguen más", sus posiciones con respecto a qué tipos de impuestos deben introducirse o aumentarse son distantes e incluso opuestas. Por ejemplo, no existe acuerdo en torno a la pertinencia de aumentar el impuesto al valor agregado (IVA) ni a la conveniencia de introducir un impuesto al patrimonio o un impuesto predial. Un empresario perteneciente a un grupo que opera en el sector comercio se pronunció a favor del IVA y de un impuesto predial, mientras que otro empresario cuyo grupo opera en el mismo sector apoya la introducción del impuesto predial (manejado por las alcaldías), pero se opone vehementemente al IVA y al impuesto al patrimonio por "generar inseguridad"; a cambio, está a favor de que se incremente el impuesto sobre la renta para las empresas al 30 por ciento. Otro empresario se pronunció en contra del impuesto al patrimonio "porque ahuyenta el capital extranjero", y uno más se manifestó en contra del IVA, pero se mostró partidario de sustituir los impuestos actuales por un impuesto único *(flat)*. Finalmente, vale la pena mencionar la posición de un empresario perteneciente a uno de los grupos más influyentes y poderosos del país, quien se pronunció a favor de aumentar la inversión pública al 5% del PIB y de aumentar el impuesto sobre los dividendos del 5 al 10%, señalando que "es el mejor impuesto ya que grava las utilidades y por tanto no afecta los costos".

Con respecto a los temas sociales, la nueva generación de empresarios tiene un discurso mucho más progresista que sus padres y abuelos, aunque es temerosa con respecto a un incremento desmedido del gasto social "por motivos populistas". En general están a favor del gasto social, particularmente el gasto en educación y en salud y en mantener los actuales programas sociales con la condición de que se revisen para hacerlos eficientes. Un empresario perteneciente a uno de los grupos familiares históricamente vinculado a la tierra afirmó que su grupo le apuesta a la educación y a la salud y se pronunció a favor de "definir una agenda en común" en el área social. Dice estar convencido que regalarles a los pobres "es mala política" y que lo mejor es "darles instrumentos a través de la educación y de la salud". De igual manera, un empresario se mostró a favor de un aumento del gasto en educación por considerar que la educación "es el mejor vehículo para sacar a la gente de la pobreza y para aumentar la productividad del país". Otro empresario se mostró a favor de que el Estado "favorezca a los menos afortunados" a través de programas subsidiados, pero enfatizó la necesidad de revisarlos para hacerlos más eficientes.

Con respecto a la desigualdad, algunos de los empresarios entrevistados dijeron estar conscientes del problema, pero se mostraron cautos con respecto a la forma de corregirlo. Sin embargo, algunos se mostraron opuestos a cualquier política de igualdad que implique redistribución. De hecho, uno de los empresarios se mostró totalmente opuesto a la redistribución de activos y otro abogó por hacer énfasis en "la igualdad de oportunidades" más que "En otro tipo de desigualdad". En la misma línea se pronunció un empresario, perteneciente a uno de los grupos considerado más conservador, por sus pares: "No creo en la desigualdad (sino) en iguales oportunidades. Dios nos hizo diferentes. Hay que crear las mismas oportunidades para todos a través de la educación y el acceso a la justicia".

Por último, y con respecto al rol de las mujeres en general y de las mujeres empresarias en particular dentro de los grupos económicos, existe un amplio consenso en señalar que en este campo no se han registrado mayores cambios y reconocieron que al igual que en el pasado, existe una fuerte discriminación en contra de las mujeres, aunque existen algunas excepciones notables que no hacen más que confirmar la regla. Existe acuerdo en señalar que las mujeres empresarias siguen experimentando marginación y un trato desigual dentro de los grupos económicos, aunque en la mayoría de ellos participan en las juntas directivas. Una de las mujeres empresarias entrevistadas que es la mayor de la tercera generación, afirmó que "No ha cambiado el tipo de participación de la mujer en los grupos económicos familiares, no tenemos voto y cuesta desempeñarse y ganarse el respeto". Comentó que en su caso el respeto se lo ha ganado trabajando duro y desempeñando bien su trabajo, lo cual finalmente convenció a su padre, quien le ha delegado mayores responsabilidades. Por su parte, un empresario señaló que "el rol de la mujer no ha cambiado dentro de los grupos, están en las juntas directivas, pero no tienen mayor influencia y algunas no tienen voto". Otra de las mujeres empresarias comentó que "existe un patriarcado muy fuerte", aunque aclaró que en el caso de su familia "las mujeres han jugado un papel relevante".

Al preguntar sobre los motivos que explican la marginación y discriminación de las mujeres dentro de los grupos, la mayoría coincidió en señalar que respondía a la persistencia de una cultura machista que asume como algo natural que los hombres se dediquen a dirigir los negocios y las mujeres a atender el hogar y a ocuparse en obras sociales y caritativas. También se mencionó la tradicional falta de formación académica y profesional de las mujeres, lo cual se convierte en obstáculo importante para participar en los negocios familiares. Sin embargo, en este punto las cosas parecen estar cambiando ya que según varios de los empresarios entrevistados las mujeres de la cuarta y quinta generación se han preparado para ejercer su rol de empresarias y la mayoría de ellas ya manejan sus propios negocios y otras se están preparando para participar activamente en las empresas familiares.

El análisis sobre el cambio generacional sugiere que existen continuidades en el discurso entre la generación de empresarios que está asumiendo la conducción de los grupos económicos transnacionales y la generación de sus padres, pero también revela que existen importantes rupturas entre ellas. La visión y la posición de la nueva generación de empresarios sobre la democracia, el rol del Estado y los temas sociales no solo es bastante diferente a la de la generación de empresarios que se está retirando, sino que además representa una ruptura respecto a la posición tradicional del sector privado organizado. Qué tanto este cambio de discurso se traducirá en un comportamiento distinto de los empresarios que están asumiendo la conducción de los grupos transnacionales y el liderazgo del sector empresarial es una cuestión que está por verse. Lo que sí parece claro es que para bien o para mal por primera vez en mucho tiempo el cambio generacional al interior de las familias más poderosas del país tendrá repercusiones en el mediano y largo plazo, tanto para los grupos como para el sector empresarial del país.

Por otra parte, a partir del análisis realizado resulta claro que la nueva generación de empresarios está lejos de ser una generación unida y cohesionada alrededor de sus intereses de clase, portadora de un pensamiento único, como algunos suponen. Por el contrario, la evidencia aquí presentada sugiere que la nueva generación de empresarios no tiene una narrativa común sobre la economía, tiene intereses económicos y políticos diferenciados e incluso tiene diferencias importantes en lo referente a sus preferencias políticas y a sus apuestas electorales.[2] Esta desmitificación sobre la existencia de una élite unida, cohesionada y portadora de un proyecto político común es importante ya que abre la posibilidad de dialogar con ellos y establecer alianzas que favorezcan y posibiliten cambios estructurales que impulsen un proceso de modernización nacional, la instauración de una verdadera democracia y el establecimiento de un nuevo tipo de capitalismo.

---

2. Esta situación quedó en evidencia a raíz de las elecciones primarias que efectuó Arena para definir a su candidato presidencial para las elecciones presidenciales del año 2019, en la cual participaron dos empresarios de la nueva generación: Carlos Calleja y Javier Simán, quienes representaban dos corrientes dentro de las élites económicas con visiones y posiciones diferentes en temas sustantivos.

Por ahora, la nueva generación de empresarios no tiene el poder económico y político suficiente para contrarrestar la influencia de sus padres y abuelos. Eso fue confirmado por varios de los entrevistados. Uno de ellos manifestó que "Actualmente el control (de los grupos) y la hegemonía la tienen los viejos". Otro afirmó que "La plata la tienen los viejos". Sin embargo, y como planteó otro de los entrevistados "La plata la tienen los viejos, pero esto cambiará en el futuro". Y ciertamente el futuro podría estar más cerca que lejos si un empresario de la nueva generación accede a la presidencia de la república en el año 2019. Si esto ocurre, la nueva generación ya no tendrá más excusas para convertir en acciones lo que por ahora es solamente discurso.

IV
LAS DIFICULTADES DE LAS ÉLITES ECONÓMICAS PARA CONTROLAR EL ESTADO Y LA REDEFINICIÓN DE SUS ESTRATEGIAS DE INFLUENCIA

En el estudio realizado hace 13 años (Segovia, 2005), argumentamos que como resultado de su creciente presencia regional, la influencia de los grupos económicos se había expandido del ámbito local al centroamericano y que esta mayor influencia había tenido lugar en el contexto general de un debilitamiento de otros actores sociales y políticos que en un sistema democrático sirven de contrapeso al poder empresarial, como era el caso del Estado, los partidos políticos, las clases medias y las organizaciones laborales y sindicales. También señalamos que la mayor influencia regional había coincidido con la llegada al poder de gobiernos proempresariales y empresariales y con la hegemonía ideológica del pensamiento neoliberal, todo lo cual había producido un cambio en la correlación de fuerzas políticas nacionales y regionales a favor de los grupos de poder económico (y de las empresas transnacionales), quienes además habían sido los principales beneficiarios del nuevo modelo económico prevaleciente en la región.

En el caso de El Salvador, la situación tan favorable para las élites económicas descrita anteriormente comenzó a cambiar a fines de la década pasada y si bien en el presente lustro muchas de ellas continuaron acumulando riqueza y poder, desde el año 2009 su tradicional capacidad de influencia en la orientación general de las políticas públicas y en las decisiones gubernamentales disminuyó debido a los cambios ocurridos en la correlación de fuerzas políticas generados por la llegada al poder de gobiernos de izquierda y por el surgimiento de nuevos actores económicos, sociales y políticos que se convirtieron en contrapesos del poder empresarial. El factor más relevante fue sin duda el acceso de la izquierda al control del Órgano Ejecutivo gracias a los triunfos electorales consecutivos obtenidos por el Fmln en las elecciones presidenciales del 2009 y 2014,[1] que significó en la práctica la pérdida del control de las élites económicas de una parte estratégica del Estado a la que ellas tradicionalmente habían tenido acceso e influencia directa,[2] y que había

1. En junio de 2009 llegó al poder por primera vez en la historia reciente del país un gobierno de izquierda elegido democráticamente, con Mauricio Funes como presidente. En junio de 2014, el segundo gobierno de izquierda se instaló nuevamente, esta vez con Salvador Sánchez Cerén como presidente.

2. Históricamente las élites económicas han influido en el poder ejecutivo mediante su incidencia (y a veces su poder de vetó) en la composición del gabinete económico y através de los representantes del sector empresarial en las directivas de las instituciones gubernamentales. A principios de la presente década, la Asociación Nacional de la Empresa Privada (ANEP) contaba con puesto asignado en las juntas directivas u órganos de decisión en más de cuarenta instituciones gu-

estado a su disposición a lo largo de 20 años durante los cuatro gobiernos sucesivos del partido Arena (1989-2009). La situación para las élites económicas fue particularmente compleja durante el período 2009-2014 debido al apoyo político que la comunidad internacional en general y Estados Unidos en particular le brindaron al primer gobierno de izquierda, sobre todo en sus objetivos de reforma social y de fortalecimiento financiero del Estado a través de la elevación de los ingresos tributarios, dos temas a los cuales se habían opuesto históricamente y que además les generaban fuertes contradicciones internas. De este modo, desde el año 2009 hasta hoy, las élites económicas han tenido que lidiar con gobiernos que no controlan y que deliberadamente han intentado reducir la influencia empresarial en el Estado y en el diseño de políticas públicas de diversas maneras, incluyendo la generación de contrapesos a la participación empresarial en la institucionalidad estatal.[3] Asimismo han tenido que tratar con un partido oficial (el Fmln) dirigido por una cúpula de ideología de izquierda radical que a

---

bernamentales, mientras que el resto de la sociedad civil tenía una participación marginal.

3. Durante la administración Funes se reformaron las leyes de alrededor de 20 instituciones gubernamentales con el fin de cambiar la composición de sus juntas directivas y reducir de esta manera la presencia e influencia de los empresarios en dichas entidades (ver Gobierno de El Salvador, 2014). Durante la administración Sánchez Cerén, el sector empresarial ha sufrido un aislamiento mucho mayor debido a la naturaleza partidista de dicho gobierno, no obstante que al inicio de la misma se definió como prioridad el acercamiento y el logro de acuerdos con el sector privado.

partir del año 2014 tomó el control total del poder ejecutivo[4].

Otro factor importante fue la división del partido Arena ocurrida a fines del año 2009 que significó la pérdida del control del Órgano Legislativo por parte de la derecha. La división de Arena se tradujo en la salida de 12 de sus diputados, quienes inmediatamente pasaron a formar parte de la facción parlamentaria de la Gran Alianza por la Unidad Nacional (Gana),[5] partido que desde entonces acompañó en la mayoría de las votaciones al Fmln, lo cual le aseguró a la izquierda y al gobierno contar durante la mayor parte de la presente década con la mayoría simple (43 votos de 84 votos) requerida para la aprobación de leyes y decretos legislativos.[6]

A la pérdida de influencia de la derecha en la Asamblea Legislativa contribuyó también la mayor autonomía relativa que ganaron los partidos políticos representados en esa institución como resultado de

---

4. Para un análisis sobre la composición y la naturaleza distinta de los dos gobiernos de izquierda ver INCIDE (2016).

5. Gana surgió el 12 de octubre de 2009 y se constituyó en Grupo Parlamentario en la Asamblea Legislativa el 23 de octubre. En enero de 2010 se inscribió como partido político.

6. Esta situación cambió a raíz de los resultados de las elecciones de marzo de 2018 en donde el Fmln sufrió una estrepitosa derrota que se tradujo en una disminución de su representación parlamentaria a 22 diputados, convirtiéndose así en una minoría. Por el contrario, Arena obtuvo 37 diputados, los cuales sumados a los obtenidos por el Partido de Concertación Nacional (PCN) (9) y por el Partido Demócrata Cristiano (PDC) (1), le permiten a la derecha alcanzar la mayoría simple y en buena medida controlar la Asamblea Legislativa en los próximos tres años.

la mayor independencia de poderes registrada en la presente década. Esta situación, sumada al control férreo de los partidos por cúpulas con intereses políticos y económicos propios, afectó negativamente la capacidad de influencia de las élites económicas en el Órgano Legislativo y consecuentemente disminuyó sus posibilidades de influir en el proceso de promulgación de leyes y decretos. Las élites económicas tuvieron dificultades para imponer sus intereses y sus visiones aún en aquellos partidos de derecha que dependen del financiamiento privado y que tienen una ideología proempresarial como es el caso de los partidos Arena, PDC y PCN.[7] Esta situación de mayor autonomía de los partidos políticos con respecto a las élites económicas fue resumida por uno de los empresarios entrevistados, quien ante una pregunta relacionada con el grado de influencia y control que ejercen las élites sobre Arena respondió categóricamente: "Los dueños de los partidos no son los ricos, sino los políticos y sus argollas".

7. Existen varios ejemplos donde estos partidos no respaldaron iniciativas de ley apoyadas y promovidas por las élites económicas. Uno de los más relevantes por la importancia estratégica que ellas le asignaban al tema, fue la renuencia de Arena y del resto de partidos de derecha a respaldar el proyecto de ley de asocios público-privados consensuado en el marco del Consejo Nacional para el Crecimiento, instancia promovida por Estados Unidos en la cual participan representantes del gobierno y algunos de los principales empresarios del país. Pese al fuerte cabildeo realizado por los empresarios miembros del Consejo, por Fusades y por el gobierno, al final todos los partidos políticos se pusieron de acuerdo y aprobaron una ley cuyo contenido era diferente a la propuesta original apoyada por los empresarios.

La erosión de la unidad y la cohesión de las élites económicas resultante de la recomposición, diversificación y diferenciación de sus intereses económicos y políticos (capítulo I), fue otro factor que afectó negativamente su capacidad de influencia debido a que obligó a las diferentes facciones a establecer como primera prioridad la defensa y promoción de sus intereses económicos particulares, lo que dificultó el logro de consensos con respecto a la posición oficial del sector empresarial organizado hacia el gobierno. De hecho, y como veremos más adelante, las diferentes facciones establecieron estrategias diferenciadas de relaciones con el gobierno y con el partido oficial, las cuales no siempre coincidían con la posición oficial de las cámaras empresariales ni con las posturas políticas del partido Arena.

Un factor adicional que afectó el balance de poder empresarial y la capacidad de influencia de las élites económicas fue el ingreso masivo de empresas transnacionales y conglomerados económicos y financieros regionales, quienes además de hacerse de la propiedad y del control de empresas y actividades estratégicas, antes en manos de familias prominentes, entraron a competir con las élites locales por el control del mercado nacional y regional en los sectores donde operan (capítulo I). Como ya hemos señalado, el resultado de este fenómeno fue la recomposición del poder empresarial a favor de estos nuevos actores internacionales y en detrimento de las élites locales, quienes vieron disminuido el poder de veto que otorga la posesión y el control de activos y sectores estratégicos. Por otra parte, la presencia de los actores externos benefició políticamente a los gobiernos de izquierda no solo porque su entrada les restó poder económico a algunos grupos empresariales, sino también porque le amplió sus márgenes de maniobra debido a que les resulta más fácil negociar y llegar a acuerdos con las empresas internacionales que con la mayor parte de las élites locales que tienen vínculos estrechos con Arena y con la derecha política.

Otro factor que afectó negativamente la capacidad de influencia de las élites económicas fue el fin de la hegemonía intelectual del paradigma neoliberal resultante de la crisis financiera internacional del 2007-2008, el cual le había servido por más de un cuarto de siglo a las élites locales para justificar las medidas económicas implementadas por los cuatro gobiernos de Arena, particularmente las privatizaciones de empresas públicas y la liberalización de la economía, así como para arremeter contra el Estado y justificar su reestructuración en función del mercado. De este modo, a principios de esta década, y coincidiendo con el ascenso al poder de la izquierda, las élites económicas (y su principal tanque de pensamiento, Fusades) se quedaron de repente huérfanos ideológica e intelectualmente, sin un planteamiento económico claro y coherente, lo cual las puso a la defensiva y les afectó su capacidad de propuesta de políticas públicas, así como su interlocución con el gobierno, con los partidos políticos y con el resto de la sociedad.

El último factor que contribuyó a modificar el balance de poder nacional y a reducir la capacidad de influencia de las élites económicas fue el cambio en los términos de la discusión y del debate público provocado por el uso creciente de las redes sociales y por la emergencia de medios de comunicación alternativos (radios comerciales y comunitarias, periódicos digitales, canales de televisión, etc.). Estos instrumentos han permitido generar una corriente de opinión pública que cuestiona y combate las visiones y las posiciones de la derecha en general y de las élites en particular relacionadas con la economía, la política y la sociedad. Además, han posibilitado contrarrestar la influencia de los medios de comunicación tradicionales que las élites controlan y que históricamente han servido para difundir su visión del mundo, para incidir en la orientación y en el diseño de las políticas públicas y para dar las grandes batallas económicas, políticas e ideológicas.

Como puede deducirse de lo expuesto anteriormente, desde el año 2009 hasta la fecha, las élites económicas han pasado tiempos políticos difíciles: perdieron el control del Órgano Ejecutivo y vieron reducida su influencia en el poder Legislativo; se quedaron sin el discurso económico e ideológico que por un cuarto de siglo les permitió legitimar su visión anti estatal y promover reformas económicas pro-mercado; perdieron importantes espacios de acumulación y enfrentaron una feroz competencia proveniente del exterior; vieron debilitada su unidad y cohesión interna; enfrentaron un nueva corriente de opinión pública adversa a sus intereses; y tuvieron que resistir y defender sus intereses de clase desde la oposición y enfrentar a un partido oficial fuerte y competitivo cuya dirigencia no comulga con la economía de mercado y desconfía profundamente del sector empresarial organizado y de buena parte de las élites económicas.

Ante este panorama tan complejo y desafiante, las élites económicas no se quedaron quietas ni tampoco asumieron una posición defensiva. Por el contrario, utilizaron intensamente su poder y su influencia para resistir desde la oposición y para incidir en los diferentes ámbitos de la vida nacional, sobre todo en la orientación y contenido de aquellas políticas públicas vitales a sus intereses económicos y políticos, para lo cual echaron mano a todos los instrumentos y mecanismos de incidencia que identificamos en un estudio interior (Segovia, 2005), es decir, los contactos directos con funcionarios estatales de alto nivel; el uso de los medios de comunicación social que controlan directamente o que tiene una influencia significativa; la utilización de las cámaras empresariales como instrumentos de presión y lucha política; el uso de las representaciones empresariales que participan en espacios gubernamentales como voceras y defensoras de sus intereses; y el financiamiento de las campañas electorales y de los partidos políticos.

Ante la pérdida del control del poder Ejecutivo y su menor incidencia en la Asamblea Legislativa, las élites económicas buscaron por todos los medios incidir en el Órgano Judicial, con el propósito explícito de generarle desde allí un contrapeso al gobierno, al partido oficial y a la Asamblea Legislativa. Para ello establecieron una relación cercana y de apoyo político a la Corte Suprema de Justicia (CSJ), y especialmente a la Sala de lo Constitucional (SC), que en los últimos nueve años mostró una notable independencia con respecto a los otros órganos del Estado (el Ejecutivo y el Legislativo) y que en la práctica se convirtió en el principal contrapeso de dichos poderes, emitiendo fallos importantes que los afectaron negativamente y que incidieron en el curso político y económico del país y en la orientación general y el contenido de algunas políticas públicas. En particular, las élites económicas encontraron en la Corte de lo Constitucional un poderoso aliado en su objetivo de preservar el actual modelo económico ya que dicha instancia declaró constitucional el Tratado de Libre Comercio con Estados Unidos, Canadá y México (CAFTA, por sus siglas en inglés) y la dolarización de la economía, dos temas fundamentales sobre los cuales tenían el enorme temor de que los gobiernos de izquierda pudieran revertir. También la Corte de lo Constitucional fue un aliado de las élites económicas en lo relacionado con la política tributaria y presupuestaria ya que en estos campos emitió fallos controversiales que evitaron la introducción o alza de algunos impuestos y que coadyuvaron a profundizar la crisis fiscal del gobierno al reducir sus márgenes de maniobra para financiar el presupuesto estatal y para desarrollar su plan de gobierno.[8]

8. En julio de 2017 la Sala de Constitucionalidad dejó sin efecto un aumento del techo del 45% al 50% de la proporción de los fondos de pensiones que el Estado podía invertir en certificados de inversión previsionales (CIP) aprobado por la Asamblea Legislativa el 18 de julio de ese mismo año (alrededor de 500 millones de dólares), lo cual le hubiera permitido al gobierno cubrir buena parte de los compromisos del año 2017. Un día después, en otra resolución, la Sala declaró inconstitucional la Ley de Presupuesto General de la Nación 2017 y ordenó al gobierno implementar medidas de austeridad. El 4 de noviembre de 2017 la Sala admitió una demanda en contra de la Ley del Fideicomiso de Obligaciones Previsionales (FOP) y decretó medida cautelar que suspendió el Decreto Legislativo 497 del 29 de septiembre de 2016 aprobado por la Asamblea Legislativa que contemplaba la emisión de títulos valores por $900 millones, lo cual colocó al gobierno en una posición difícil ya que dicho dinero era para cubrir necesidades presupuestarias urgentes y para pagar deuda externa. Ante la imposibilidad de obtener recursos adicionales, el gobierno realizó un ajuste fiscal altamente costoso en términos sociales,

Los mecanismos que las élites han utilizado para acercarse a la Sala de lo Constitucional han sido diversos: desde los contactos directos y frecuentes con los magistrados que componen dicha instancia, hasta la defensa y promoción sistemática de dichos funcionarios y del trabajo de la Sala a través de los medios de comunicación social que controlan y de las organizaciones empresariales afines, pasando por la asesoría y elaboración de estudios y de propuestas que los magistrados utilizan como insumos para las decisiones tomadas.

Por otra parte, ante la llegada del primer gobierno de izquierda las distintas élites económicas implementaron estrategias individuales y colectivas para incidir en la elaboración de políticas públicas. La más común fue participar en los espacios de diálogo y de concertación que se abrieron en los primeros años de la

---

basado en el recorte de los gastos sociales y de la inversión pública y en el atraso en el pago de los subsidios al gas y a la energía eléctrica. En junio de 2018 la Sala declaró inconstitucional el impuesto del 0.25 % que actualmente se aplica a las operaciones financieras, que había sido aprobado por la Asamblea Legislativa en 2014. Con esta resolución, el gobierno dejará de percibir a partir de 2019 entre 70 y 80 millones de dólares. Ya en abril de 2015 la Sala había declarado inconstitucional el pago mínimo del 1 % sobre activos como impuesto sobre la renta (ISR) que también había sido aprobado en 2014. En 2015 la Sala aceptó un recurso de amparo y prohibió al gobierno publicar los nombres de los deudores de impuestos al Estado; en 2017 dictaminó que el Ministerio de Hacienda solo puede publicar el nombre de las personas o empresas que tengan "deuda en firme".

administración Funes para esos propósitos.[9] Detrás de este comportamiento estaba la valoración hecha por los empresarios de que era preferible estar cerca y tratar de influir lo más posible en las políticas públicas que quedar aislados del proceso de decisiones gubernamentales y alejados de un gobierno que contaba con fuerte apoyo popular y con un gran respaldo internacional y que en la campaña electoral se había comprometido a impulsar cambios estructurales profundos. Siguiendo esta estrategia, en los primeros años de la Administración Funes, la mayoría de las cámaras empresariales –incluida la principal cúpula empresarial del país, la Asociación de la Empresa Privada (ANEP)– participaron en los distintos espacios de discusión y elaboración de políticas públicas generales y sectoriales. Éste es el caso, por ejemplo, de las élites aglutinadas en la Cámara Salvadoreña de la Construcción (Casalco) y de la Cámara del Agro (Camagro), que participaron activamente en la elaboración de las políticas sectoriales relacionadas con el sector de la construcción y con el agro, respectivamente. También es el caso de las élites industriales agrupadas

9. La Secretaría Técnica de la Presidencia abrió mesas bilaterales con ANEP, la Mesa Agropecuaria, el Movimiento Social por un Nuevo País, la Concertación Popular por el Cambio, el Movimiento de Unidad Sindical y Gremial de El Salvador, el sector de veteranos y veteranas de guerra del Fmln, el sector de veteranos de la Fuerza Armada, las comunidades del Mozote, la comunidad Santa Marta, el sector cooperativo y las organizaciones de jóvenes. La Secretaría para Asuntos Estratégicos, por su parte, abrió espacios de diálogo con empleados públicos organizados, representantes del sector de transporte público de pasajeros, representantes sociales y empresariales, entre otros.

en la Asociación Salvadoreña de Industriales (ASI), que colaboraron en la elaboración de varias políticas relacionadas con la industria.[10] La ANEP, por su parte, participó en el Consejo Económico y Social (CES) hasta junio 2012 con una amplia representación, y apoyó algunos acuerdos importantes que allí se tomaron.[11] No obstante, dado que la correlación interna de fuerzas del Consejo nunca le favoreció,[12] algunos

---

10. Entre las políticas sectoriales que se elaboraron por consenso con la participación de las cámaras empresariales se encuentran la Política Industrial, la de Fomento a la Producción; la de Innovación, Ciencia y Tecnología y la de Fomento y Desarrollo de la Micro y Pequeña Empresa. También se alcanzaron acuerdos importantes relacionados con reformas a leyes, por ejemplo, la Ley de Zonas Francas Industriales y de Comercialización y la Ley de Turismo, y se logró elaborar por consenso nueva legislación, como el anteproyecto de la Ley sobre Agilización de Trámites del Sector Construcción, y el anteproyecto de la Ley de la Función Pública. (Gobierno, de El Salvador, 2014).

11. El primer acuerdo del CES fueron las apuestas estratégicas de país de largo plazo, que fueron incluidas en el Plan Quinquenal de Desarrollo 2010-2014. También se alcanzaron acuerdos sobre propuestas de ley posteriormente aprobadas por la Asamblea Legislativa, como la Ley del Sistema Financiero para el Desarrollo y la Ley de Asocios Público-Privados; la Ley de Fomento y Desarrollo de la Micro y Pequeña Empresa y la Ley de Seguridad Alimentaria y Nutricional. Además, se estableció un mecanismo permanente de interlocución con el Consejo Nacional para el Crecimiento para discutir la agenda relacionada con el crecimiento y el empleo.

12. El CES estaba formado por 30 miembros de ANEP; 20 miembros del sector social; 10 miembros del sector sindical, y 8 miembros del sector académico. El Consejo era coordinado por el Secretario Técnico de la Presidencia. El Programa de

dirigentes y algunas de las élites más conservadoras, buscaron boicotearlo por todos los medios a través de una política de desprestigio del Consejo, cuestionando la representatividad de algunos sectores participantes, utilizando tácticas dilatorias para evitar que se obtuvieran resultados concretos y, algunas veces, mediante el boicot directo (Gobierno de El Salvador, 2014).

Por su parte, algunos de los empresarios más prominentes del país aceptaron la invitación del gobierno y de Estados Unidos de participar a título personal en el Consejo Nacional para el Crecimiento (CNC), espacio de diálogo y concertación creado como parte de la iniciativa Asocio para el Crecimiento, que impulsan los Gobiernos de El Salvador y de Estados Unidos.[13] En ese entonces en el CNC se discutían propuestas de política destinadas a superar las restricciones al crecimiento y como producto del diálogo se elaboraron nuevas leyes de promoción de la inversión privada y se propusieron reformas a la legislación existente. Además, el Consejo puso sus buenos oficios

las Naciones Unidas para el Desarrollo (PNUD) contribuyó con la administración y operatividad de dicha instancia.

13. En el CNC participan por parte del gobierno los ministros de Hacienda, de Economía, de Agricultura y Ganadería, de Justicia y Seguridad, el presidente del Banco Central de Reserva, el presidente de la Comisión Ejecutiva Portuaria Autónoma y el secretario técnico de la Presidencia, quien funge como coordinador. Por parte del sector empresarial participan Ricardo Poma, Roberto Murray Meza, Francisco Callejas, Francisco De Sola, Juan Carlos Eserski, José Roberto Dutriz y Carlos Guerrero. Además, existe un Panel Técnico de apoyo al Consejo, que está constituido por técnicos del sector privado y del Gobierno.

para coadyuvar a una discusión y aprobación rápida de la Ley de Asocios Público-Privados y para concretizar los principales proyectos estratégicos del país, por ejemplo, la concesión del Puerto de La Unión Centroamericana y la modernización y posterior ampliación del Aeropuerto Internacional de El Salvador. La participación de los grandes empresarios a título personal en el Consejo adquiere una gran relevancia política porque evidencia la gran autonomía que tienen respecto de las cámaras empresariales, especialmente de ANEP que se opuso ferozmente a su participación en el Consejo y criticó abiertamente algunas decisiones y posturas tomadas por ellos en dicha instancia. Además de participar en el CNC, los empresarios más influyentes le apostaron a un reforzamiento de sus relaciones con Estados Unidos a través de la embajada de dicho país en El Salvador y mediante sus relaciones con la élite política y económica estadounidense y con centros de pensamiento radicados en Washington.

Por su parte, algunas élites que se consideran a sí mismas perdedoras de las políticas económicas implementadas por los gobiernos de Arena (como algunas vinculadas a la producción de café o algunas élites industriales que salieron afectadas por la apertura y la liberalización económica), decidieron apoyar a los gobiernos de izquierda a cambio de que éstos últimos implementaran políticas de apoyo y de rescate a los sectores y actividades donde operan. En estos casos, las élites recurrieron a una relación directa con funcionarios de alto nivel y algunas de ellas, formaron parte de la coalición política que apoyó al gobierno.

Por otra parte, todas las élites económicas implementaron la estrategia de acercarse y establecer alianzas coyunturales con personas e instituciones de la sociedad civil opositoras al gobierno en temas específicos. Esta estrategia que se resume en la famosa frase: "el enemigo de mi enemigo es mi amigo", ha sido implementada profusamente y a través de ella han logrado influir e incluso detener políticas e iniciativas gubernamentales consideradas nocivas a sus intereses. De manera complementaria, las élites económicas abrieron una línea de incidencia desde el espacio de la sociedad civil mediante el apoyo y creación de organizaciones civiles coincidentes con sus intereses y con sus agendas particulares.

Las élites económicas más conservadoras y reaccionarias se opusieron a las estrategias de acercamiento y colaboración seguidas por la mayoría de los sectores empresariales, y de manera paralela recurrieron a la estrategia de oposición y confrontación total y directa con el gobierno a través de su influencia en algunas cámaras empresariales, especialmente de ANEP y en menor medida de la Cámara de Comercio y del uso de los medios de comunicación social bajo su control directo. Por medio de esta estrategia estas facciones no solamente han confrontado sistemáticamente a los dos gobiernos de izquierda, sino que además han enfrentado a otras élites económicas que ellos consideran muy cercanas o complacientes con el gobierno. Estas élites han utilizado todos los medios a su alcance, para atacar y desprestigiar sistemáticamente la gestión gubernamental, a los principales funcionarios públicos y a la dirigencia del partido oficial, aprovechando los errores cometidos por los dos gobiernos de izquierda, así como el desgaste natural que conlleva la permanencia en el poder. Esta estrategia está fundamentada en la experiencia de los años ochenta, cuando las élites económicas y la derecha implementaron una campaña de desprestigio y de desgaste permanente contra el gobierno de José Napoleón Duarte y contra la Democracia Cristiana, que propició en buena medida la derrota de este último partido en las elecciones de 1989 y posibilitó el ascenso de Arena al poder Ejecutivo.

El análisis de las estrategias de incidencia aplicadas por las élites económicas en la última década confirma (una vez más) su gran capacidad de reacción y de adaptación a las situaciones cambiantes (y adversas) del entorno político y social, capacidad que está sustentada en la disponibilidad de enormes recursos políticos, económicos e institucionales con los que cuentan y que les permite operar con rapidez y eficiencia. El análisis refleja además el gran sentido práctico y pragmático con el que actúan, que les permite sacar provecho de sus fortalezas, así como de las debilidades y errores de sus adversarios. Desde otra perspectiva, la diversidad de estrategias implementadas confirma que las élites económicas no tienen un pensamiento único ni una apuesta política unificada. Por el contrario, el análisis sugiere que existen a su interior, diversas corrientes políticas y distintos intereses económicos.

En cuanto al resultado concreto de la implementación de las estrategias de incidencia, el balance es mixto ya que por una parte las élites económicas no han tenido el poder suficiente para influir o detener políticas públicas consideradas por ellos lesivas a sus intereses (como es el caso de la prohibición de la minería, la aplicación de algunas reformas tributarias y la aprobación de la Ley de Asocios Público-Privados que no respondió a sus expectativas) ni para controlar a su antojo el aparato del Estado como en el pasado; pero por otra parte, han sido capaces de contrarrestar o neutralizar medidas concretas que les afectaban, incidir sobre la política presupuestaria y asegurar la continuidad de políticas que son fundamentales para la vigencia del actual modelo económico, como es el caso del Tratado de Libre Comercio con Estados Unidos; la dolarización de la economía y la reforma al sistema de pensiones. En todos estos casos, las élites demostraron su gran capacidad de influencia y, sobre todo, su poder de veto derivado del poder estructural que tienen los empresarios en una economía capitalista.

V
Conclusiones y recomendaciones

Varias conclusiones pueden extraerse del análisis realizado en el presente trabajo. La primera es que en las últimas décadas las élites económicas salvadoreñas registraron cambios importantes que afectaron su tamaño, su composición y su balance de poder interno. Producto de estos cambios, ahora son más heterogéneas, más diversificadas, más diferenciadas en sus intereses económicos y más plurales en sus posiciones y sus apuestas políticas. En este sentido, la imagen estereotipada que existe en muchos círculos políticos y académicos de una élite económica unida alrededor de una ideología extremista de derecha, que solo piensa en sí misma y en la defensa a ultranza de sus intereses y que siempre conspira para evitar el cambio social y para preservar sus privilegios es sesgada y en el mejor de los casos, incompleta. Si bien es cierto que a su interior hay familias y grupos de derecha radicales, antidemocráticos y retrógrados que todavía piensan que el país es su finca, como señaló acertadamente uno de los empresarios entrevistados, también es cierto que otra parte de ellas es tolerante y está a favor de la democracia y del cambio social que conduzca a la modernización del país en todos sus ámbitos, por lo que están dispuestas a apoyar proyectos políticos democráticos y progresistas y estrategias económicas que generen crecimiento y bienestar social.

La segunda conclusión que queremos resaltar es la gran capacidad de las élites económicas para adaptarse y reaccionar a los cambios en el entorno nacional e internacional. El análisis sobre las estrategias implementadas por los grupos transnacionales para enfrentar la creciente competencia internacional (mayor especialización y mayor internacionalización) y la diversidad de estrategias implementadas por las élites económicas para lidiar con gobiernos de izquierda y con los cambios en el entorno político así lo muestran. Esta capacidad de adaptación y reacción está sustentada en el enorme poder económico y político que poseen, así como en una red institucional y comunicacional que les permite incidir simultáneamente desde diversos espacios e instancias.

La tercera conclusión que nos interesa destacar es que pese a todo el poder y la influencia que las élites económicas detentan y ejercen, no siempre se salen con la suya, es decir, no siempre tienen la capacidad de imponer sus intereses y sus visiones.[1] El análisis realizado muestra que su capacidad de incidencia está

1. Como hemos señalado en otra parte (Segovia, 2016), en El Salvador el régimen político y la estructura de poder no permiten que ningún actor político o económico se salga siempre con la suya, lo cual constituye uno de los grandes logros históricos del proceso democrático iniciado en la época posbélica.

en función directa de su grado de control o influencia sobre el Estado y de la existencia de actores sociales y políticos que les hagan contrapeso. Como se mostró oportunamente, a partir del año 2009 las élites perdieron capacidad de influencia sobre el Estado precisamente porque emergieron nuevos actores políticos (las fuerzas de izquierda) que les disputaron el poder y les arrebataron el control que históricamente habían tenido sobre buena parte del Estado. Además, la democratización del poder dentro del mismo Estado registrada en el mismo período permitió una mayor independencia de los distintos poderes públicos, lo que a su vez coadyuvó a que los partidos políticos tuvieran más autonomía de las élites. Asimismo, el cambio registrado en el debate público debido a la emergencia de medios de comunicación alternativos y del uso creciente de las redes sociales permitió que la ciudadanía y sectores organizados de la sociedad civil cuestionaran públicamente la visión del mundo y las posiciones de las élites económicas, difundidas por los medios de comunicación tradicionales que ellas controlan. Parece claro entonces que la mejor manera de contrarrestar el poder y la influencia de las élites económicas es instaurando una verdadera democracia que asegure la participación amplia de la ciudadanía en las decisiones que la afectan y que posibilite una verdadera independencia de los distintos poderes del Estado; y promoviendo y fortaleciendo nuevos actores sociales y políticos que funciones como contrapesos al poder empresarial.

La cuarta conclusión que queremos resaltar es la importancia para el país del cambio generacional que está teniendo lugar al interior de las élites económicas, específicamente al interior de los grupos transnacionales. El análisis sugiere que si bien existen continuidades en la forma de pensar entre la generación saliente y la entrante, también muestra que la nueva generación de empresarios y empresarias tiene en general un discurso más tolerante y una mayor disposición al diálogo como método para resolver los problemas del país que sus padres y sus abuelos. Además, en su gran mayoría tiene un discurso distinto al de sus predecesores en temas fundamentales como el de la democracia, la política social, el papel del Estado y los impuestos. Este hallazgo adquiere mayor importancia si se considera que la mayor parte de esta nueva generación está teniendo ya un papel activo en la discusión de temas de interés nacional y regional a través de las redes sociales y algunos de ellos están participando en política partidaria. Además, hay que tomar en cuenta que más temprano que tarde tendrán el poder económico y político que hoy detentan sus progenitores. Sin embargo, para que esta generación de empresarios y empresarias marque una diferencia real con respecto a sus padres y sus abuelos tiene que demostrar en los hechos que son distintos, y que a diferencia de las generaciones que les precedieron estén dispuestos a asumir la responsabilidad social y política que tienen ante el país por detentar poder económico y político y por ser una minoría privilegiada.

Son varias las formas en que la nueva generación de empresarios y empresarias puede contribuir al desarrollo del país: apoyando la instauración de una verdadera democracia, respaldando una reforma social que permita combatir la desigualdad y la pobreza, apoyando una reforma económica que permita construir un nuevo tipo de capitalismo que sea compatible con la democracia y con el desarrollo social, invirtiendo en actividades productivas, generando empleos de calidad y cumpliendo con sus obligaciones con el Estado: respetando las leyes laborales, pagando los impuestos que les corresponde según la ley y sometiéndose a la reglamentación medioambiental, entre otras. A cambio, el resto de la sociedad debe comprometerse a respetar su condición de minoría, a reconocer y respetar sus legítimos derechos y a valorar el papel fundamental que desempeñan en el ámbito socioeconómico. Para avanzar en estos propósitos, es fundamental establecer un diálogo sincero y transparente sobre los principales problemas estructurales y coyunturales que enfrenta el país y la forma de superarlos. En particular es urgente iniciar una discusión sustantiva y ponerse de acuerdo en las grandes líneas de lo que debería constituir un nuevo proyecto político de transformación y modernización nacional que le permita al país enfrentar los grandes desafíos que trae el presente siglo y sobre el papel que a los empresarios les corresponde desempeñar. Al respecto, es importante señalar que con excepción de un par de empresarios el resto de los entrevistados estuvo de acuerdo en que actualmente el país carece de dicho proyecto y que nadie de los actores sociales, políticos e intelectuales relevantes (nacionales e internacionales) está trabajando en ello de manera seria y responsable.

La última conclusión que queremos subrayar está relacionada con el papel fundamental que ha jugado Estados Unidos en el proceso de recomposición de las élites económicas. El análisis realizado evidencia que con sus acciones y omisiones Estados Unidos desempeñó un rol relevante en el proceso de surgimiento y consolidación de una nueva élite económica, que posee mucha más riqueza que la que tenía la oligarquía que dicho país contribuyó a debilitar a principios de la década de los ochenta por considerarla uno de los principales responsables de la crisis y de la violencia política. Ahora es tiempo que Estados Unidos contribuya a generarle contrapesos al poder empresarial mediante el fomento de nuevos actores sociales y políticos democráticos y mediante el apoyo a la construcción de un Estado democrático y participativo que no incline la balanza a favor de los poderes fácticos. Es tiempo además que ponga todo su peso para aislar y combatir a aquellas familias y sectores que hoy como en el pasado se oponen a la construcción de la democracia y al cambio social, y a alentar políticamente a aquellas que favorecen dichos cambios.

Bibliografía

Albiac, M. Dolores (1999), "Los ricos más ricos de El Salvador", ECA, *Estudios Centroamericanos*, 612, octubre, año LIV, El Salvador: UCA.

Barry, Deborah (1993), "Una herencia de AID en El Salvador: andamiaje institucional empresarial en la sociedad civil", *Boletín Prisma* 2, octubre, San Salvador.

Beard, Avri Gabrielle (2001), "Democratic Oligarchs: Elites and Political Change in Guatemala and El Salvador", paper prepared for the delivery at the 2001 meeting of the Latin American Studies Association, Washington, D.C.

Best, Michael (1976), "Political Power and Tax Revenues in Central America", Journal of Development Economics, 3 (49-82).

Bull, Benedicte (2013), "Diversified Business Groups and the Transnationalisation of the Salvadorean Economy", *Journal of Latin American Studies*, volume 45, No. 2, May, Cambridge.

Bull, Benedicte y Kasahara, Yuri (2013), "The transformation of Central American economic élites: from local tycoons to transnational business groups", en Sánchez-Ancochea, D. y Martí i Puig, S. (eds.) (2014): *Handbook on Central American Governance*, (EE.UU., Routledge).

Bulmer-Thomas, Victor (1987), *The Political Economy of Central America Since 1920*, Cambridge University Press.

_____ (1988), *Studies in the Economics of Central America*, London: the Macmillan Press.

Cardenal, Ana Sofia (1996), "Élites agrarias, estructura económica y transición hacia la democracia en El Salvador",

Afers Internacionals, número 34-35, pp. 125-147, Fundación CIDOB.

Casaús Arzú, Marta Elena (1992), "La metamorfosis de la oligarquía centroamericana", *Revista Mexicana de Sociología,* 3/92, pp. 69-114, UNAM.

_____ (1992), *La recomposición del bloque en el poder y el retorno de las élites familiares centroamericanas (1979-199?)*, Ponencia presentada para *Mira América*, proyecto cultural del Gobierno de La Rioja.

Castellacci, Fabio (2013), *Central American Business Groups, Innovation and Institutional conditions: A Comparative Analysis*, mimeo.

CEPAL (1985), *Centroamérica: Bases de una política de reactivación y desarrollo*, mayo, México.

Cohen I. y Rosenthal, G. (1983), "The Dimensions of Economic Policy Space in Central America", en Fagen R. y Olga Pellicer (eds.), *The Future of Central America. Policy Choices for the U.S. and Mexico*, Stanford: Stanford University Press.

Cordero, Martha (2015), *La inversión colombiana en Centroamérica*, LC/MEX/L.1190. CEPAL-México.

Cuenca, Breny (1992), *El poder intangible. La AID y el Estado salvadoreño en los años ochenta*, San Salvador: CRIES/PREIS.

Dada Hirezi, Héctor (1978), *La economía de El Salvador y la integración centroamericana: 1945-1960*, San Salvador: UCA Editores.

De Sebastian, Luis (1986), *Consideraciones político-económicas sobre la oligarquía en El Salvador, Cuadernos de Trabajo* No. 6, CINAS, marzo, México.

Dunkerley, James (1983), "Class Structure and Socialist Strategy in El Salvador", en Ambursley, Fitzroy y Robin Cohen (editores), *Crisis in the Caribbean*, New York: Monthly Review Press.

_____ (1985), *The Long War. Dictatorship and Revolution in El Salvador*, London: Verso.

_____ (1988), *Power in the Isthmus. A political History of Modern Central America*, London: Verso.

Gaspar Tapia, Gabriel (1989), *Crisis y modernización empresarial en Centroamérica*, Revista *Polémica*, No. 8, Segunda Época, 24-34.

_____ (1989), *El Salvador: el ascenso de la nueva derecha*, San Salvador: CINAS.

_____ (1991), *La transición en América Latina. Los casos de Chile y El Salvador.* México D.F.: CINAS-Universidad Autónoma Metropolitana.

_____ (1993), "La modernización de las clases dominantes centroamericanas", en Carlos Vilas (Coordinador), *Democracia Emergente en Centroamérica,* México: Universidad Nacional Autónoma de México.

INCIDE (2014), *Evaluación semestral goes. Administración Sánchez Cerén.* Junio-noviembre 2014. San Salvador: Instituto Centroamericano de Investigaciones para el Cambio Social. Diciembre.

Johnson, Kenneth (1993), *Between Revolution and Democracy: Business Elites and the State in El Salvador during the 1980s.* New Orleans: Tulane University.

Kasahara, Yuri (2012), "Should I stay or should I go? A comparative study of banking sector policies and the strategies of Central American business groups". *Business and Politics* 14.4 (2012): 1-43.

Liévano de Marques, Mirna (1996), *El Salvador: un país en transición*, San Salvador.

Martí Puig, Salvador (2000), *Democracia y Neoliberalismo en Centroamérica: ¿Amigos o adversarios?,* documento preparado para el Congreso LASA 2000, Miami, marzo.

Martínez-Peñate, Óscar (2017), "Familia, poder económico y político en El Salvador", Revista ECA, *Estudios Centroamericanos*, volumen 72, No. 749, abril-junio. El Salvador: UCA.

Martinez Vallejo, Diego Fernando (2017), "The threat of redistribution under democracy: explaining income distribution based on intersectoral relationships oh the élites. The cases of Honduras and El Salvador", PhD Thesis in Political Science. Universitat Autònoma de Barcelona, Facultat de Ciències Politiques i de Sociologia. Barcelona: June.

Mayorga Quirós, Román (1983), *El crecimiento desigual en Centroamérica (1950-2000)*, México: El Colegio de México.

Paniagua Serrano, Carlos Rodolfo (2002), "El bloque empresarial hegemónico salvadoreño", *ECA, Estudios Centroamericanos,* 645-646, julio-agosto, año LVII (número monográfico). El Salvador: UCA.

Pérez Sáinz, Juan Pablo (coordinador), "El orden social ante la globalización. Procesos estratificadores en Centroamérica durante los años noventa", *Serie Políticas Sociales*, 80, Santiago de Chile: Comisión Económica para América Latina y el Caribe, División de Desarrollo Social, diciembre.

Pérez Sáinz, Juan Pablo y Alvarado Ríos, Kimberly (2013), *Globalización y nuevos ejes de acumulación en Costa Rica*, mimeo, 2013.

PREALC (1986), *Cambio y polarización ocupacional en Centroamérica*. San José: Editorial Universitaria Centroamericana.

Rettberg, Angelika (2003), *Managing Peace: Private Sector and Peace Processes in El Salvador, Guatemala and Colombia*, mimeo.

Robles Rivera, Francisco (2011): *Capitalismo volátil: Acumulación y élites en la última década en El Salvador.*

_____ (2017), "Élites en El Salvador: Cambios y continuidades (2000-2016)", *Anuario de Estudios Centroamericanos,* Universidad de Costa Rica, 43: 99-124.

Rockwell, R. (2004): "Democratization and the Media: Reflections on the Central American Experience", en Mehdi Semati (ed.): *New Frontiers in International Communication Theory*, (Lanham, Maryland; Rowman and Littlefield Publishers).

Rockwell, R. y Janus, N. (2003), *Media Power in Central America*, Urbana and Chicago, Illinois; University of Illinois Press.

Rosa, Herman (1993), *AID y las transformaciones globales en El Salvador*, Managua: CRIES.

Sáenz de Tejada, Ricardo (2005), "Democracias de posguerra en Centroamérica: reflexiones sobre Guatemala, El Salvador y Nicaragua". *Revista Centroamericana de Ciencias Sociales*, No. 3, Vol. II, julio 2005

Sánchez-Ancochea, Diego, Martinez Franzoni, Juliana y Marti i Puig, Salvador (2015), *La incorporación social en Centroamérica: trayectorias, obstáculos y oportunidades,* CEPAL, Sede Subregional de México. Ciudad de México. Diciembre.

Sánchez-Ancochea, Diego y Puig, Marti i (2014), *Handbook of Central America Governance*, United, Kingdom-New York: Routledge.

Schneider, Aaron (2014), *Construcción del Estado y regímenes fiscales en Centroamérica,* Guatemala: F&G Editores, Icefi, Flacso.

Schneider, Ben Ross (2007), *How States Organize Capitalism: Comparative Political Economy of Diversified Business Groups.* Department of Political Science, Northwest University (January).

Segovia, Alexander (2002), *Transformación estructural y reforma económica en El Salvador,* Guatemala: DyD Consultores-F&G Editores.

_____ (2004), "Centroamérica después del café: el fin del modelo agroexportador tradicional y el surgimiento de un nuevo modelo económico", *Revista Centroamericana de Estudios Sociales,* Vol. I, No. 2, diciembre. San José: Flacso.

_____ (2005), *Integración real y grupos de poder económico en América Central. Implicaciones para el desarrollo y la democracia de la región,* San José: Fundación Friedrich Ebert.

_____ (2016), "Izquierdas en el poder, democracia y cambio social: lecciones desde El Salvador", *Debates Centroamericanos,* edición 1, enero-marzo, págs. 7-21. San Salvador.

Sevilla, Manuel (1984), "Visión global sobre la concentración económica en El Salvador", UCA: *Boletín de Ciencias Económicas y Sociales,* San Salvador.

Torres-Rivas, Edelberto (2013), *Revoluciones sin cambios revolucionarios. Ensayos sobre la crisis en Centroamérica.* Guatemala: F&G Editores, segunda edición.

Wade, Christine J. (2016), *Captured peace. Elites and peacebuilding in El Salvador.* USA: Center for International Studies/ Ohio University.

Waxenecker, Harald (2017), Élites políticas y económicas en El Salvador: ¿Captura del Estado?, El Salvador: Heinrich Böll Stiftung, noviembre. Primera edición.

Webb, Michael A. (1985), "Economic Opportunity and Labor Markets in Central America", en Coleman, Kenneth y Herring, George, *The Central American Crisis. Sources of Conflict and the Failure of U.S. Policy,* Wilmington, Delaware: Scholarly Resources Inc.

Weeks, John (1985), *The Economies of Central America*, New York: Holmes &Meier Publishers, Inc.

Anexo
Personas entrevistadas

Altamirano, Fabricio
Araujo De Sola, Alejandra
Bukele, Nayib
Calleja, Carlos
Calleja, Francisco
Cristiani, Claudia
De Sola, Diego
De Sola, Francisco
Dueñas, Alejandro
Lazo, Carmen Aída
Poma, Fernando
Regalado, Marco
Regalado, Tomás
Simán, Javier
Simán, José Miguel
Wright, Johnny

Economía y poder: recomposición en las élites económicas salvadoreñas de Alexander Segovia se terminó de imprimir en septiembre de 2018, año del veinticinco aniversario de fundación de F&G Editores. F&G Editores, 31 avenida "C" 5-54 zona 7, Colonia Centro América, 01007. Guatemala, Guatemala, C. A. Teléfonos: (502) 2292 3792 — (502) 5406 0909 informacion@fygeditores.com www.fygeditores.com

Más en F&G Editores

Transformación estructural y
reforma económica en El Salvador
Alexander Segovia

Modernización empresarial
en Guatemala
¿Cambio real o nuevo discurso?
Alexander Segovia

Estado violento y ejército político:
formación estatal y función militar
en Guatemala (1524-1963)
Bernardo Arévalo de León

El país más feliz del mundo
Guatemala, entre el espanto
y la ternura
Zepeda Andrés

Guatemala: Linaje y racismo
Marta Elena Casaús Arzú

Desde el cuartel:
Otra visión de Guatemala
Edgar Rubio Castañeda

Recuperar la política o perder el país.
Las reformas desde el
Congreso de la República
Miguel Ángel Sandoval

Los debates políticos en Guatemala
Roberto Ardón Quiñónez

Construcción del Estado y regímenes
fiscales en Centroamérica
Aaron Schneider

Made in the USA
Monee, IL
18 October 2026

66035232R00069